Astrologie • Sexualité
Sensualité • Sentimentalité

© 2000, Les éditions Quartz
Dépôt légal : 2ᵉ trimestre 2000
Bibliothèque nationale du Québec
Bibliothèque nationale du Canada

ISBN 2-922354-03-2

Conception de la couverture et infographie : Le Boum Graphique
Révision et correction de l'œuvre : Monique Courcy

Les éditions Quartz inc.
Les Tours Triomphe, 2500, boul. Daniel-Johnson
Bureau 1108, Laval (Québec) H7T 2P6

Louise Haley

Astrologie • Sexualité
Sensualité • Sentimentalité

 Les éditions Quartz inc.

Je dédie mon livre à mon fils Hans et à sa chatte Magalie Fortune, à mes chattes Douceur, Chance (petit Bouddha) ainsi qu'à tous les chats du troisième millénaire. Je dédie également ce livre à tous ceux et celles qui aiment...

Louise Haley
Madame Minou

SANS SE TOUCHER

Belles mains qui refont l'avenir
Beaux reins qui dansent à frémir
Des dos qui sont beaux à languir
Un magnétisme de délire

Des lèvres muettes de caresses
Des regards qui défient la détresse
Et une façon de marcher
Qui donne toute dignité

Des lenteurs et des chavirements
Des langueurs et des coups de sang
Voir le cycle des autres vies
En accord avec celles-ci

Dévoiler toute la blessure
D'amour qui fut torture
Ne cacher rien, tout avouer
Et regarder tout s'envoler

Le désir devient un trésor
Que ne peut détruire la mort
Être plus que tout et l'exprimer
Être tabou même sans se toucher

Et percevoir éthériquement
Le fluide sanguin comme un aimant
Tout devancer dans un moment
Par la présence intensément

Mais ne touchez pas
Vibrez
Donnez-vous le droit
D'être magique
De voir les auras

Mais ne touchez pas
Ressentez
Donnez-vous le droit
D'être magique
Et d'enlacer les auras

Sans se toucher, sans se toucher
Tout savoir et tout aimer

Savoir connaître tant d'extases
Entre le cœur où tout se passe
Sans se toucher, sans se toucher
Tout percevoir pour tout aimer
Sans se toucher, sans se toucher

Louise Haley Minou

MOT DE L'ÉDITEUR

Les éditions Quartz préconise la diffusion d'ouvrages accessibles à l'ensemble de la population. Les éditions Quartz regroupe des professionnels solidement établis et reconnus dans leur champ d'expertise respectif qui, s'ils ne font aucun compromis lorsqu'il est question de la qualité de leur travail et de leur intégrité, témoignent d'une grande ouverture d'esprit et partagent les mêmes valeurs. L'absence de hiérarchie, l'importance accordée à une communication ouverte et constante entre les professionnels de la maison d'édition et entre ces derniers et les auteurs, supposent un climat de travail harmonieux et respectueux.

Le professionnalisme et la justesse des prévisions de Louise Haley ainsi que sa renommée en font une auteure respectée, tant dans les milieux artistique que professionnel. Nous sommes donc particulièrement heureux de vous présenter, sous une nouvelle édition, un de ses ouvrages, qui fut un « best seller » à la fin des années 1970. Astrologie, sexualité, sensualité, sentimentalité, qui a été adapté à l'an 2000, n'est pas seulement un livre sur l'astrologie des douze signes du zodiaque occidental, mais un ouvrage dans lequel elle traite également des facteurs planétaires qui exercent une influence prépondérante sur la dominante astrologique des personnes.

Au fil de votre lecture, vous aurez le plaisir de vous délecter de certains poèmes, chansons et nouvelles écrits par Louise Haley. À cet effet, mentionnons que tous les poèmes, chansons et nouvelles contenus dans cet ouvrage ont été déposés à la SARDEC.

Je me joins à toute l'équipe des éditions Quartz pour vous souhaiter une très belle lecture.

Victor Lacroix
Président

TABLE DES MATIÈRES

INTRODUCTION

L'astrologie est un art extraordinaire. C'est une porte qui ouvre sur les mathématiques célestes de l'infini. Elle nous fait comprendre le côté caché des choses qui, à mon avis, est le plus important. C'est une science infinie qui réserve à l'adepte des trésors de connaissance et d'amour. L'astrologie étudie l'influence des phénomènes célestes sur la vie terrestre. Pour ce faire, elle utilise les douze signes du zodiaque : Bélier, Taureau, Gémeaux, Cancer, Lion, Vierge, Balance, Scorpion, Sagittaire, Capricorne, Verseau et Poissons. Ces douze signes représentent chacun un élément de motivation ou de réception dans les sphères solaire et humaine. Selon leur nature, ils conféreront à leurs natifs respectifs, en combinaison avec l'ascendant et les autres facteurs planétaires, diverses caractéristiques telles les traits de caractère et les lignes de la destinée, en respectant cependant le destin individuel.

Les signes ascendants jouent, par rapport aux signes zodiacaux, un rôle de complémentarité, qui peut être négatif ou positif. Leur influence est variable; elle peut être très grande, égaler et même, dans certains cas, surpasser celle du signe zodiacal. Ainsi, on peut être né sous le signe du Bélier, être ascendant Taureau, et il se peut fort bien que l'influence de cet ascendant soit plus déterminante que celle du signe Bélier.

Outre l'ascendant et les signes, les planètes occupent, dans l'étude astrologique, une place prépondérante. Elles sont au nombre de dix : Soleil, Lune, Mercure, Vénus, Mars, Jupiter, Saturne, Uranus, Neptune et Pluton. Leur influence est très importante : c'est elle qui détermine la dominante d'une personne. Ainsi, une personne née sous le signe du Bélier, mais avec une dominante Jupiter, aura tendance à être exaltée et généreuse, alors qu'un natif du Bélier avec dominante Saturne sera introverti et rancunier.

La seule connaissance du signe ne suffit pas, car la dominante planétaire exerce une influence très importante. En effet les relations qu'entretiennent les planètes engendrent ce qu'il est convenu d'appeler les aspects ; il en existe deux sortes : les bons et les mauvais ou encore les faciles et les difficiles. Il faut ajouter qu'à l'occasion, j'utiliserai des expressions telles « bien aspecté », « mal aspecté », qui sont synonymes de celles que j'ai citées précédemment. Les aspects faciles (ou bons) sont : le trigone, le sextile, le semi-sextile et, dans certains cas, la conjonction. Les aspects difficiles sont : l'opposition, le carré, le semi-carré et aussi, dans certains cas, la conjonction.

Cet ensemble de données (les signes solaires, les ascendants, les planètes, les aspects planétaires) se retrouve dans certains secteurs de la carte du ciel qu'on appelle les maisons. Les maisons astrologiques sont les douze aires obtenues par la division du cercle astrologique qui représente le ciel de naissance. Chaque maison a un sens et une fonction déterminés. La maison 1 détermine la personnalité profonde et le moi intérieur du sujet ; la maison 2, les acquisitions matérielles ou spirituelles ; la maison 3, la communication avec les autres ; la maison 4, le foyer ; la maison 5, la création ; la maison 6, le travail ; la maison 7, l'union, le mariage ; la maison 8, la mort et la sexualité ; la maison 9, le dépassement, l'idéal ; la maison 10, la vie professionnelle ; la maison 11, le rayonnement intérieur et les amitiés ; la maison 12, le monde intérieur et la vie intime. Ces différents concepts peuvent sembler difficiles à comprendre et à utiliser, mais je donne plus loin des explications plus détaillées.

En fin d'ouvrage, j'expose quelques idées sur la Lune noire, dont l'influence est déterminante dans la destinée sentimentale et sexuelle des êtres. J'expose aussi quelques idées que je crois assez nouvelles et traite d'une façon originale de sujets qui choqueront peut-être, tels la prostitution, l'homosexualité, le lesbianisme et la bisexualité.

Enfin, je termine avec la carte du ciel de l'amour. J'essaie de vous expliquer ce que le natif de chaque signe apporte en amour, sa forme de magnétisme sexuel et de passion. La sexualité est représentée par Mars, Uranus et Pluton. La sensualité est représentée par la Lune et Vénus. La sentimentalité est représentée par Neptune et Vénus.

PREMIÈRE PARTIE
AMOUR ET SEXUALITÉ

CHAPITRE 1

AMOUR ET SEXUALITÉ
CHEZ LE NATIF DU BÉLIER

Le signe du Bélier, étant dominé par le Soleil et Mars, est avant tout un signe de vitesse, d'honnêteté et d'amour. Le natif du Bélier a essentiellement besoin de vivre ce qui doit être vécu et où cela doit être vécu.

Son moi profond : Axé sur la recherche des émotions. N'aime pas remettre à plus tard ce qui peut être fait immédiatement. Ne se contente jamais de promesse à long terme sur le plan affectif.

Sa sentimentalité : Grande, mais réservée. Vénus, planète de l'amour, étant en souffrance dans le Bélier, fait que le natif du Bélier a très peur d'exprimer ses sentiments. Il ne croit qu'aux résultats des sentiments, car c'est là qu'il place l'expression véritable de ce qu'il ressent.

Sa sexualité : Vécue de façon très simple, car il n'aime pas se compliquer la vie dans ce domaine. Il sait d'instinct comment vivre avec son entourage. Sa sexualité s'exprime surtout par la recherche d'émotions physiques.

Sentimentalité et sexualité liées : Peut résulter en une grande harmonie sexuellement et affectivement. Générosité engendrée par ce lien.

Sentimentalité et sexualité séparées : Peut mener très vite à une vie très intense, au détriment des sentiments. Ce lien engendre la peur de la souffrance.

Sa sensualité : Essentiellement basée sur les couleurs, les formes, le monde visible et tout ce qui est vif à la vue et à l'esprit.

Son ciel sur terre : Être compris rapidement. Aimer sans jamais être obligé de parler du passé.

Son enfer sur terre : Entendre parler du passé en voyant le présent et l'avenir négligés.

Sa servitude : Trop grande générosité. Il a du mal à maîtriser l'expression de ses sentiments.

Son impossible rêve : Incendier le corps et l'âme de ceux qu'il aime.

Sa possessivité : N'accepte pas qu'une personne ne soit pas entièrement présente.

Sa sécurité : L'intégrité de l'autre.

Sa perception de la vie à deux : Avoir une activité extraordinaire avec l'être aimé. Multiplication de plans et de croisés à l'infini.

Ses peurs : Que l'on reste avec lui par habitude.

Son premier regard : Toujours en réaction. Il sait instinctivement à quoi s'attendre dans une liaison et ce qu'il doit y consacrer.

Son dernier regard : Le défi. Il est certain que tout n'est pas perdu. Ne se sent pas vaincu.

Ce qui lui plaît :
Sentimentalement : La franchise.
Sexuellement : L'exactitude des faits.

Ce qui lui déplaît :
Sentimentalement : Les incertitudes.
Sexuellement : L'attente. Attendre une personne trop longtemps peut engendrer chez lui la haine ou l'indifférence envers cette personne.

À faire pour être aimé de lui : Être franchement soi-même.

À ne jamais lui faire : Ne pas être vraiment présent. Brûler pour une ancienne passion.

L'homme natif du Bélier est bien accepté dans la société, grâce à l'influence du Soleil et de Mars, planète de combativité.

La femme native du Bélier n'a besoin de personne pour réussir sa vie amoureuse et sexuelle. Elle s'intègre facilement. Elle s'adapte aux événements. Elle est absolue dans ses exigences. Elle ne demande jamais conseil ou, du moins, elle mène une vie en fonction de son idéal.

Le natif et la native du Bélier peuvent facilement être accaparés par leur entourage. Ils sont parfois lents à le comprendre. Toutefois, ils sont très aptes à saisir l'impossible et à aimer l'univers.

LES ASCENDANTS DU NATIF DU BÉLIER ET LEUR INFLUENCE SUR LES PLANS SENTIMENTAL ET SEXUEL

Bélier ascendant Bélier : Besoin de dominer son entourage et de savoir précisément le degré d'amour qu'on lui porte. Besoin d'être assuré que cet amour est réel, car le moindre doute affecte sa dignité. Aventureux dans les sentiments. Incapable de tricher avec les sentiments et la vie sexuelle. Il est impulsif. Sexualité sans complications, lesquelles sont écartées instinctivement.

Bélier ascendant Taureau : Grandes possibilités de bonheur sensuellement et sexuellement. Sensibilité qui peut mener au complexe d'infériorité et qui peut le faire réagir par coups de tête. Impulsivité qui peut briser les grands amours.

Bélier ascendant Gémeaux : Possibilité de vivre extraordinairement sur les plans affectif et sexuel ainsi que sur le plan de l'amitié. Peur de se fixer une fois pour toutes. Peur de sentir l'amour comme une limitation et une claustrophobie mentale.

Bélier ascendant Cancer : Chances de grandes réussites sur le plan professionnel. La peur de retourner à l'infantilisme le motive énormément et l'amène à mettre plus d'énergie au travail et dans sa vie privée. Peut arriver à comprendre les autres sur les plans sexuel et sentimental.

Bélier ascendant Lion : Besoin de rayonner, de dominer les événements, de faire plier les autres à sa loi et à son amour. Sentiments très grands. Si sa vie affective ne correspond pas à son idéal, il s'ensuivra un sentiment d'échec très douloureux.

Bélier ascendant Vierge : Grande compréhension des choses mais peur de ces mêmes choses. Besoin d'aller au-delà de l'existence ordinaire. Perception très grande des limites des gens sur les plans sentimental et sexuel. Besoin de briser ces limites mais, dans une certaine mesure, peur de commettre cet acte.

Bélier ascendant Balance : Grande facilité d'aller vers les autres, de les aimer, d'en être aimé, mais hésitation entre la possession et la dépendance. Sentiment très grand d'appartenance à un seul être et, en même temps, désir de possession absolu, exigence d'exclusivité totale.

Bélier ascendant Scorpion : Possibilité de connaître, par la chair et par le cœur, le dépassement de la vie. Grande sentimentalité qui se dompte et qui s'exprime dans une sexualité très aiguë.

Bélier ascendant Sagittaire : Esprit de créativité, mais dans un univers autre que celui de l'enfance. Besoin d'affranchissement moral. Prédisposé à pousser très loin son orientation tant sexuelle que sensuelle.

Bélier ascendant Capricorne : Possibilité d'unir, dans un court laps de temps, l'amour-passion et l'amour-raison. Besoin de voir la passion dominée par la raison.

Bélier ascendant Verseau : Possibilité de transcendance à travers le corps pour retrouver l'éternité première. Besoin d'être aimé par son entourage, mais sans en être l'esclave. Sa sensualité peut se sublimer dans une création artistique ou un sens cosmique très spécial.

Bélier ascendant Poissons : Très grande intuition. Possibilité de vivre, sur le plan mystique, les relations sentimentale et sexuelle. Capable de comprendre d'un seul coup tout ce qui touche l'aspect mystique des êtres et des choses. Vie sentimentale et sexuelle axée sur ce qui se ressent plutôt que sur ce qui se voit.

LE SIGNE DU BÉLIER AVEC LES AUTRES SIGNES ET SES POSSIBILITÉS D'ENTENTE SUR LES PLANS SENTIMENTAL ET SEXUEL

Bélier avec Bélier : C'est l'explosion, l'amour fou, la générosité. Possibilité de vivre plusieurs vies dans la même vie. Possibilité à la fois d'un grand amour et d'un départ brusque.

Bélier avec Taureau : Grande entente émotive, mais difficulté d'exprimer sa sexualité. Possessivité qui renferme le germe de la querelle. Sentiment de fidélité différent chez l'un et chez l'autre.

Bélier avec Gémeaux : Merveilleusement heureux s'ils n'ont pas de problèmes d'argent. Besoin de renouvellement de sexualité et de sensualité. Sentiment d'appartenance à l'univers.

Bélier avec Cancer : Ils se cherchent, mais se font peur, car l'un est fort et l'autre est dépendant. Ils ont du mal à se rejoindre, car ils veulent tous les deux dominer dans leur petit monde respectif. Sexualité enrichissante.

Bélier avec Lion : Ils peuvent se comprendre et s'aimer toute la vie, à condition de se respecter mutuellement, mais ni l'un ni l'autre ne cédera. Ne peuvent supporter la souffrance.

Bélier avec Vierge : Besoin d'allier le concret à l'impulsion à ce qui serait trop concret et terne. Sentiment constant de renouvellement chez le Bélier qui, par ailleurs, effraie le natif de la Vierge. Sexualité appelée à être dépassée.

Bélier avec Balance : Ils s'attirent, mais l'un est rapide tandis que l'autre est hésitant. Cela complique tout. Le Bélier ne tolère pas les hésitations de la Balance ; il les considère comme un manque d'amour. La Balance accepte mal les impétuosités du Bélier et n'y voit qu'un égoïste. Très belle sexualité. La sensualité de la Balance apporte beaucoup au Bélier.

Bélier avec Scorpion : Ils sont portés à la chicane, aux drames et aux passions. Toutefois, ils ne peuvent se passer l'un de l'autre. Ils s'aiment intensément, bien que ce soit pour de courtes périodes, mais leurs amours reprennent toujours. Sexualité intense.

Bélier avec Sagittaire : À condition de pouvoir se déplacer et de pouvoir admirer ensemble les plus belles choses, ils sont capables de former un couple parfait, mais gare à la routine ! Aucun des deux n'est disposé à donner de sa vie et de son temps pour conserver les choses acquises, car ils croient que les choses se créent à chaque jour et que ce qu'ils voudraient conserver finit par se perdre. Sexualité exploratrice.

Bélier avec Capricorne : Ils s'attirent pour former une union, mais ils n'ont pas les mêmes concepts de base sur la création et sur l'union. Ils sont conscients de la limite des choses et ressentent le besoin de les dépasser. Sexualité austère.

Bélier avec Verseau :   C'est l'explosion des émotions. Besoin d'établir des rapports au-delà des conventions sociales.   Sexualité explosive, mais intermittente.

Bélier avec Poissons :   Ils se regardent, mais ils ne parlent pas le même langage.   Ils s'attirent.   Sexualité teintée de beaucoup de sensualité.   Besoin d'avoir à eux seuls des secrets et un petit monde clos, fermé aux autres.

CHAPITRE 2

AMOUR ET SEXUALITÉ CHEZ LE NATIF DU TAUREAU

Le Taureau, étant dominé par la Lune et Vénus, est un signe de contemplation et de calme. Le natif du Taureau a un besoin inné d'être aimé.

Son moi profond : Directement lié à la tendresse et à la durabilité. La paix sous toutes ses formes l'attire plus que la foudre et les passions sans lendemain.

Sa sentimentalité : Grande et riche, mais distraite. Il réserve beaucoup de choses à l'être aimé sur le plan sentimental, mais ne les dévoilera jamais en public. Besoin de démontrer une grande affectivité. Il a horreur des indiscrétions.

Sa sexualité : Essentiellement liée à la tendresse, ou alors c'est une sexualité inutile, perdue dans une recherche de sensations et de dépouillement émotif.

Sentimentalité et sexualité liées : Il vit en paix et ne demande pas grand chose, car ce qui fait son bonheur n'est pas tellement apparent.

Sentimentalité et sexualité séparées : Recherche d'une stabilité, recherche qui peut devenir une obsession et aussi un désenchantement très rapide en ce monde de sexualité.

Sa sensualité : Très riche ; elle l'emporte sur tout. Le cou et la voix sont très importants. Il recherche surtout la paix et l'amour.

Son ciel sur terre : La paix à la campagne avec l'être aimé, dans un paysage loin du bruit. Il adore la complicité émotionnelle.

Son enfer sur terre : Puisque Pluton, Uranus et Mars sont en souffrance sur le signe du Taureau et qu'elles représentent avant tout l'inattendu, l'irréversible et les extrêmes, le natif du Taureau abhorre l'arrivée brutale d'un événement inattendu venant briser le rythme intérieur d'une vie forgée avec patience et amour.

Sa servitude : Donner matériellement pour s'attirer l'amitié. Mais parce qu'il n'est pas dupe et qu'il sait qu'on ne voit en lui que les avantages de sa générosité, il s'ennuie, et cela peut engendrer en lui un sentiment de débâcle morale.

Son impossible rêve : Vivre avec l'être aimé sans craindre de le perdre.

Sa possessivité : Il n'y a pas de demi-mesure avec lui ; ou il appartient radicalement à quelqu'un, ou pas du tout. Il est incapable de comprendre les subtilités des choses amoureuses.

Sa sécurité : La fidélité inconditionnelle de l'autre.

Sa perception de la vie à deux : La discrétion et la jouissance des joies simples et aussi, si cela est possible, l'accumulation des biens matériels et le développement intellectuel.

Ses peurs : Sa plus grande peur est de ne pouvoir donner tout ce qu'il pourrait à l'être aimé. Peur qu'on lui reproche de ne pas avoir fait son possible. Peur de perdre sa capacité d'amour.

Son premier regard : Au début d'une liaison sentimentale ou sexuelle, c'est un regard de possession. Il sait toutefois jusqu'à quelle limite pousser ce sentiment de possession.

Son dernier regard : Lorsqu'une brise sentimentale et sexuelle survient, il jette un regard intransigeant. Il ne tolère pas de telles ruptures.

Ce qui lui plaît :
    Sentimentalement : La tendresse.
    Sexuellement : La douceur.

Ce qui lui déplaît :
    Sentimentalement : L'impression que les sentiments sont achetés.
    Sexuellement : L'agression sous toutes ses formes.

À faire pour être aimé de lui : Respecter son autonomie morale.

À ne jamais lui faire : La coquetterie et le flirt, car sa jalousie est à deux tranchants : Elle peut engendrer la passion comme elle peut la détruire totalement.

L'homme natif du Taureau est très tolérant envers la société qui, pourtant, niera son émotivité au profit de la lutte pour le pouvoir.

La femme native du Taureau est à l'aise dans une société comme la nôtre où la force et la ténacité sont prisées. Une chose est nécessaire à cette femme : que les siens ne manquent de rien sur le plan matériel. Aussi sera-t-elle sans pitié envers ceux qui feront souffrir ses proches sur ce plan.

LES ASCENDANTS DU NATIF DU TAUREAU ET LEUR INFLUENCE SUR LES PLANS SENTIMENTAL ET SEXUEL

Taureau ascendant Bélier : Besoin de posséder ou d'être possédé. Capable de tout comprendre par sa sensualité. Ne croit qu'à ce qu'il touche. Sensualité extrêmement riche.

Taureau ascendant Taureau : Peur de perdre. Risque de se jeter lui-même dans des situations douloureuses. Tendance au doute et à la jalousie. Sensualité très soumise à l'ambiance.

Taureau ascendant Gémeaux : Se sent affaibli par le sentiment que les choses ne lui appartiennent pas. Il est conscient de l'impact qu'il a sur les autres et que les autres ont sur lui. Peur d'exprimer ses sentiments par la parole ou, du moins, s'il le fait, il a l'impression de se tromper et de dire les choses d'une mauvaise façon.

Taureau ascendant Cancer : Complexe de l'enfance et de tout ce qu'elle comporte. Grande confiance dans la créativité féminine. Sensualité et sexualité teintées de féminité.

Taureau ascendant Lion : Besoin d'arriver le premier en tout. Il protège jalousement ceux qu'il aime. Parfaitement conscient que les événements influencent ceux qu'il aime. Impossibilité de dépasser les limites du temps, ce qui engendre chez lui une grande souffrance. Sexualité possessive et dominatrice.

Taureau ascendant Vierge : Besoin de connaître précisément son énergie sentimentale et sexuelle afin de ne rien perdre. Conscient de la rapidité de l'évolution. Sexualité qui se bloque et se débloque facilement.

Taureau ascendant Balance : Grande sensualité qui s'exprime de mille et une façons. Possibilité d'aimer et d'être aimé infiniment. Recherche le raffinement dans sa sensualité. Sexualité exclusive.

Taureau ascendant Scorpion : Peut vivre les extrêmes, le bien et le mal, l'amour et la haine, mais il est incapable d'indifférence. Forte sexualité qui s'exprime sous toutes ses formes.

Taureau ascendant Sagittaire : Dépassement des limites corporelles. Il va au cœur même de la sexualité d'une façon très idéaliste et souvent peu comprise par son entourage. Sexualité qui trouve sa pleine mesure loin du lieu natal.

Taureau ascendant Capricorne : Fidélité envers l'être aimé. Poursuite acharnée de l'être aimé. Peur de l'ennui et de la monotonie. Sexualité liée aux éléments concrets de l'existence. Horreur du verbillage et des pertes de temps.

Taureau ascendant Verseau : Besoin de dépasser tout ce qui est normalement prévu sur le plan charnel. Besoin de voyager dans le temps et de garder pour lui la richesse de l'expérience vécue sur ce plan. Surprenante sexualité.

Taureau ascendant Poissons : Capable de tout comprendre du premier coup ce qui se passe dans le cœur des autres. Besoin d'être aimé pour lui-même, mais il doute de l'amour des autres.

LE SIGNE DU TAUREAU AVEC LES AUTRES SIGNES ET SES POSSIBILITÉS D'ENTENTE SUR LES PLANS SENTIMENTAL ET SEXUEL

Taureau avec Bélier : Entente sporadique car, en temps normal, le Bélier demande trop vite ce que le Taureau tarde à donner. Ils poursuivent des buts différents malgré la similitude de leur moi. Ils se comprennent mal dans les discussions approfondies.

Taureau avec Taureau : Besoin d'avoir une maison à la campagne, loin de tout, loin du bruit, en contact avec les splendeurs de la nature. Sentiment omniprésent de la gloire intérieure. Sexualité mêlée de sensualité. Besoin constant de renouvellement.

Taureau avec Gémeaux : L'un veut la stabilité, l'autre la mobilité. Ils s'aiment, mais leurs besoins sont tellement différents qu'ils ont du mal à se comprendre. Vie intérieure intense, mais difficulté d'ajuster ce sentiment aux réalités de la vie.

Taureau avec Cancer : Besoin d'associer leur vie émotive à leur vie au foyer. Protection des faibles et des gens démunis. Bonheur possible, mais dans une sorte de dépassement de leur besoin émotif primaire, car ils sont en réalité des enfants perdus dans leur paradis. Sexualité teintée de sensualité.

Taureau avec Lion : Ni l'un ni l'autre ne veut céder la première place ; ils peuvent être côté à côté sur le même trône. Besoin commun d'amour que l'un et l'autre tentent de se communiquer exaspérément.

Taureau avec Vierge : Tout pourrait être parfait entre eux, mais il manque ce petit rien qui rendrait les choses folles et diaboliquement divines à vivre. Créativité toujours présente et désir que tout y soit subordonné.

Taureau avec Balance : Ils peuvent se comprendre et s'aimer toute la vie, à condition de ne pas être au cœur des problèmes des autres et dans le bruit de la ville. Besoin de fleurs, d'animaux, d'affection et de silence. La sensualité a sa place.

Taureau avec Scorpion : Ils se regardent, s'attirent, se captent, mais se demandent jusqu'où ils peuvent aller. Peur de perdre leur autonomie, mais ils ne craignent pas de la sacrifier pour se lier. Forte sexualité.

Taureau avec Sagittaire : Besoin de se comprendre, de s'aimer et de créer ensemble quelque chose de bien, mais leur idéal n'est pas le même. Souvent, ils se heurtent inutilement. Le Sagittaire oublie lorsqu'il se concentre ailleurs et le Taureau souffre en le voyant se détourner. Sexualité qui demande à être dépassée.

Taureau avec Capricorne : Tout serait parfait si la monotonie n'était pas si grande et si le Capricorne faisait passer les sentiments avant le reste, mais le Taureau désespère de le demander pour la centième fois. Fidélité dans la sexualité.

Taureau avec Verseau : Ils pensent à des choses différentes, mais trouvent les mêmes mots pour en parler. Langage du corps au niveau du système nerveux ; cela peut être extraordinaire. Sensualité diffuse mais qui a besoin de protection.

Taureau avec Poissons : Le Taureau trouve qu'il se dépense et qu'il se disperse. Il se croit insaisissable et le natif des Poissons trouve que le Taureau veut le limiter parce qu'il est trop possessif. Toutefois, il y a une très belle sensualité entre ces deux personnes et celle-ci peut être créatrice pendant des années.

CHAPITRE 3

AMOUR ET SEXUALITÉ
CHEZ LE NATIF DES GÉMEAUX

Le signe des Gémeaux, dominé par Mercure, est un signe où tout ce qui touche la vie mentale est de première importance. Pour le natif des Gémeaux, la vie est souvent en rapport direct avec les sens. Il préfère vivre seul plutôt que de vivre sans fantaisie avec une autre personne.

Son moi profond : Directement lié à l'expression et à la parole. Les paroles et « les silences » tiennent une grande place en amour.

Sa sentimentalité : Il a du mal à l'exprimer, parce que chez lui, tout est cérébral et immédiat. Il craint de perdre son temps à l'analyse de ses sentiments. Il ressent trop de choses en même temps pour savoir laquelle est la plus importante.

Sa sexualité : Elle passe toujours par la jeunesse, l'adolescence. Les premières émotions laissent toujours une marque indélébile dans son cœur. Compréhension « intellectuelle » de toutes les formes de sexualité.

Sentimentalité et sexualité liées : Valorisation de sa créativité artistique. Répercussions infinies dans son univers émotif.

Sentimentalité et sexualité séparées : L'excitation sexuelle est forte, mais elle débouche sur un vide.

Sa sensualité : Un mélange d'intelligence et de réceptivité totale au moment présent.

Son ciel sur terre : La nouveauté.

Son enfer sur terre : Peur, aux niveaux sentimental et sexuel, d'être entraîné par la même personne dans la monotonie.

Sa servitude : Les lois trop lourdes. Puisque Jupiter a des lois en souffrance dans le Gémeaux, ce dernier a toujours peur de se retrouver dans une vie trop strictement officielle, qui ne laisse aucune place à la fantaisie.

Son impossible rêve : Parler, être écouté et assurer le bonheur des siens par la magie du verbe.

Sa possessivité : Elle est pratiquement nulle, car il n'aime pas être lié à une seule personne ou à un même événement pendant longtemps.

Sa sécurité : Il a besoin de sentir qu'il perd tout pour pouvoir recommencer.

Sa perception de la vie à deux : Facilité de communication mentale avec l'être cher sans que sa présence physique soit continuellement nécessaire. Il apprécie les liens de l'intelligence.

Ses peurs : Le vieillissement et la perte de son charme.

Son premier regard : Regard intelligent. Il voit tout de suite s'il y a affection chez une personne, mais cette perception rapide des choses l'empêche d'être compris de tout le monde.

Son dernier regard : C'est toujours un regard d'insouciance, parce qu'il sait qu'il aura à vivre des expériences nouvelles.

Ce qui lui plaît :
 Sentimentalement : L'intelligence.
 Sexuellement : L'absence de complications.

Ce qui lui déplaît :
 Sentimentalement : La morale
 Sexuellement : Faire des histoires avec des riens

À faire pour être apprécié de lui : Être soi-même et accepter toutes les facettes de sa personnalité et de la nôtre.

À ne jamais lui faire : Tenter de l'imiter.

L'homme natif des Gémeaux s'intègre bien à la société qui valorise les conquêtes sexuelles de l'homme.

La femme native des Gémeaux s'arroge tous les droits qu'elle voit entre les mains de l'homme, car elle est trop intelligente pour perdre son temps à les lui demander. Elle agit avec mesure et ne se laisse jamais compter fleurette. Elle sait discerner le vrai du faux sur le plan de la sentimentalité.

L'homme et la femme Gémeaux ont besoin de savoir très rapidement, dans leur vie et leurs liaisons, la part du cœur et la part des sens dans les sentiments qu'on leur exprime ; cela est vital pour eux.

LES ASCENDANTS DU NATIF DES GÉMEAUX ET LEUR INFLUENCE SUR LES PLANS SENTIMENTAL ET SEXUEL

Gémeaux ascendant Bélier : Besoin d'expliquer les choses, de se faire comprendre et d'exprimer, par le moindre détail, sa sensualité et sa sexualité. Jeunesse éternelle.

Gémeaux ascendant Taureau : Peut appartenir à plusieurs personnes et vivre plusieurs situations à la fois. Besoin de s'identifier à un lieu et à une personne mais, en même temps, désir de dépasser ce lieu et cette personne. Sexualité qui a besoin d'une forte sensualité dépourvue de possessivité. Peur d'être dépassé dans son intelligence.

Gémeaux ascendant Gémeaux : Besoin de comprendre, d'aimer et de satisfaire son entourage. Peur d'oublier ses premières émotions. Sexualité très vive.

Gémeaux ascendant Cancer : Besoin de tout expliquer. Peur d'être trop attaché au passé. Impuissance devant la souffrance et face au monde des adultes, parce qu'il est arrivé trop brusquement dans la vie.

Gémeaux ascendant Lion : Besoin de tout comprendre et de dépasser les événements par la pensée. Riche et belle sexualité.

Gémeaux ascendant Vierge : Grandes tortures morales. Besoin d'analyser la moindre des choses. Grande complexité psychique et sexualité souvent difficile à cerner.

Gémeaux ascendant Balance : Besoin d'aimer et d'être aimé. Tient à plaire à tout prix. Sexualité et sensualité à l'affût de tout.

Gémeaux ascendant Scorpion : Émotions changeantes et souvent contradictoires. Sexualité également changeante et parfois contraire, dans une courte période de temps.

Gémeaux ascendant Sagittaire : Sentiment d'appartenance à l'univers. Besoin de tout comprendre dans les domaines physique et psychique. Ne supporte pas d'être limité dans le temps et à un lieu.

Gémeaux ascendant Capricorne : Subordination de la sexualité au travail. Souvent incapable de donner de sa personne, même pour lui-même. Sexualité souvent heureuse à la maturité.

Gémeaux ascendant Verseau : Grande créativité, mais dans des zones astrales opposées. Très forte appartenance à un monde universel. Sexualité qui ne se limite en rien.

Gémeaux ascendant Poissons : Besoin de flatter et d'être aimé. Se croit souvent psychiquement omniprésent. Il saisit parfaitement et rapidement l'âme des êtres avec qui il est intime. Sensualité qui passe par cette compréhension rapide et qui, souvent, la crée.

LE SIGNE DES GÉMEAUX AVEC LES AUTRES SIGNES ET SES POSSIBILITÉS D'ENTENTE SUR LES PLANS SENTIMENTAL ET SEXUEL

Gémeaux avec Bélier : Impulsions différentes. Bonheur possible dans un laps de temps relativement court. Ni l'un ni l'autre n'aime signer des contrats à long terme. Sexualité vive et joyeuse.

Gémeaux avec Taureau : Si le Taureau n'avait pas peur de perdre et si le Gémeaux n'avait pas peur d'être pris, il y aurait là une très belle union. Tous les deux ont intérêt à devenir plus mûrs pour mieux se comprendre et s'apprécier. Sexualité à la fois très forte et hésitante, car ces deux « mondes » se rencontrent difficilement.

Gémeaux avec Gémeaux : Leur sexualité sera très heureuse s'ils ont la possibilité de voyager à travers le monde. Ni l'un ni l'autre ne peut supporter la monotonie. Sensualité conditionnée aux déplacements et à l'apprentissage de la vie.

Gémeaux avec Cancer : Ce sont d'éternels apprentis face à l'existence. À l'âge avancé, ils découvrent ensemble mille merveilles de la vie. Sexualité belle et simple.

Gémeaux avec Lion : Ils ont besoin de s'apprendre des choses l'un et l'autre, de se comprendre et de partir à la recherche de l'impossible. Ils ont souvent le sentiment de passer à côté de la bonne route, car ils sont perfectionnistes dans leur désir de compréhension mutuelle.

Gémeaux avec Vierge : Ils se torturent, parce qu'ils analysent trop et veulent « intellectualiser » le moindre de leur geste. Toutefois, ils peuvent se comprendre dans une œuvre commune et passent une grande partie de leur sexualité dans une création ou une « dilatation » de leur moi.

Gémeaux avec Balance : Ils s'adorent, à la condition de ne pas être obligés de rentrer à la maison tous les jours. Ils sentent le besoin de plaire à leur entourage et chacun comprend ou croit comprendre que ce besoin est vital pour l'autre. Sentiment constant de dépaysement. Sexualité imprévisible.

Gémeaux avec Scorpion : Cela peut être la meilleure ou la pire des unions, car on ne sait jamais à quoi s'attendre avec eux. Riche sexualité qui s'excite devant la moindre chose et qui s'anime de la moindre création. Éternels amants.

Gémeaux avec Sagittaire : Ils ont en commun l'amour de la vie et de la vitesse dans l'intensité des émotions et de la variété. Ils ont à tout prix besoin de se sentir dans une atmosphère de jeunesse et de confiance. Là où les autres voient la fin des choses, ils y voient un commencement. Sexualité qui a besoin de renouvellement et de jeunesse.

Gémeaux avec Capricorne : À condition de ne pas s'ennuyer, le Gémeaux restera fidèle, mais le Capricorne trouve que les fantaisies du Gémeaux dépassent ses capacités morales. Leur sexualité est mutuellement enrichissante. Ils peuvent s'aimer longtemps. Le côté physique est primordial pour eux. Le Capricorne, cependant, par un besoin de sédentarité et de sécurité, peut paniquer devant la jeunesse en apparence insouciante du Gémeaux.

Gémeaux avec Verseau : C'est le raffinement illimité. Possibilité de se comprendre et de s'animer infiniment. Amour qui demande l'amour, mais dans une forme qui n'est pas nécessairement physique.

Gémeaux avec Poissons : Volonté de ne pas être limité par la sensualité ordinaire et besoin de voir ce qui se passe dans les autres zones de la vie. Sexualité qui se dédouble, puisqu'ils sont « l'un dans l'autre ».

CHAPITRE 4

AMOUR ET SEXUALITÉ
CHEZ LE NATIF DU CANCER

Le signe du Cancer, dominé par la Lune, est essentiellement un signe qui touche tout ce qu'il y a de plus profond et de plus primitif dans la vie. L'émotivité du Cancer est directement liée à l'enfance, laquelle domine sur le comportement.

Son moi profond : Penché sur les souvenirs de son enfance, ses émotions peuvent, par leur forme et leur intensité, devenir créatrices.

Sa sentimentalité : Elle est légère, car il rompt facilement ses liens. Un rien le blesse et l'exalte.

Sa sexualité : Intensément liée à la fécondité ou, du moins, à la tendresse qui enveloppe cette fécondité.

Sentimentalité et sexualité liées : Cela crée un foyer d'énergie affective qui rayonne.

Sentimentalité et sexualité séparées : Errance interminable.

Sa sensualité : Très active dans la région de la poitrine.

Son ciel sur terre : Posséder un foyer, avoir des enfants à aimer, des êtres à protéger et de l'amour à l'infini.

Son enfer sur terre : Usure des sentiments. Ne pouvoir offrir sa protection ou ne pouvoir en recevoir.

Son impossible rêve : « Bercer l'univers ».

Sa possessivité : Surprotection des siens jusqu'à s'en croire le maître, pour ne pas dire le « propriétaire ».

Sa sécurité : Un lieu où il peut se retrouver en paix et en sécurité avec les siens, même s'il n'est pas aimé en retour.

Sa perception de la vie à deux : Bonne vie familiale, avoir des enfants et une femme et pouvoir leur garantir une vie agréable.

Ses peurs : Craint de ne pouvoir sortir de son enfance. Il craint d'aimer des personnes qui sont restées dans leur enfance.

Son premier regard : C'est l'abandon. Il abandonne très vite, même au début d'une liaison sentimentale ou sexuelle. Il a le sentiment de se donner entièrement.

Son dernier regard : Plein d'espoir, car il a toujours l'impression que tout peut recommencer.

Ce qui lui plaît :
    Sentimentalement : La simplicité des autres.
    Sexuellement : La lenteur du temps et le respect de celui qu'il faut laisser aux choses pour qu'elles s'accomplissent.

Ce qui lui déplaît :
    Sentimentalement : La brusquerie sous toutes ses formes.
    Sexuellement : L'insouciance et l'incapacité.

À faire pour être aimé de lui : Respecter son passé.

À ne jamais lui faire : Hâter les choses.

L'homme natif du Cancer est visiblement à sa place dans notre société. Il souffre, car il a du mal à devenir adulte. Il aime la foule ou, du moins, il aime tout ce qui se rapporte à la popularité.

La femme native du cancer est trop souvent liée à son rôle de mère ; elle peut en être satisfaite un certain temps, mais elle aura du mal à dépasser ce rôle parce que la société n'est pas encore prête à accepter ce dépassement chez la mère.

L'homme et la femme de ce signe ont essentiellement besoin d'un " home " et d'amour, tant à donner qu'à recevoir. Ils aiment la paix et le silence d'un lieu béni par leur affectivité.

LES ASCENDANTS DU NATIF DU CANCER ET LEUR INFLUENCE SUR LES PLANS SENTIMENTAL ET SEXUEL

Cancer ascendant Bélier : Partagé entre le besoin de régner et celui d'être dominé. Sentiments excessifs portés sur l'enfance qui peuvent souvent bloquer sa vie d'adulte. S'il n'est pas habitué à ces sentiments, il a alors un amour trop prononcé envers sa mère, bien qu'il soit très porté à la procréation.

Cancer ascendant Taureau : Élocution facile, tendresse et extraordinaire facilité dans son approche sexuelle. Le sexe n'est jamais totalement dépourvu de tendresse et de sensualité.

Cancer ascendant Gémeaux : Il vit plusieurs vies à la fois. Émotivité étroitement reliée à son enfance. Sensualité naïve. Fait souffrir les autres bien involontairement.

Cancer ascendant Cancer : Émotivité à fleur de peau. Sensible à la rapidité du temps et au déroulement rapide des événements. Sexualité dont l'objectif est le bonheur, la pro-création, le foyer.

Cancer ascendant Lion : Besoin de régner en maître dans sa demeure. Prédisposé à souffrir beaucoup spirituellement. Il a l'impression que les autres ne l'aiment pas assez. Sentiment de solitude. Riche sexualité dans la seconde par-tie de sa vie.

Cancer ascendant Vierge : Prédisposé à gâcher son exis-tence et à faire beaucoup de mal inutilement. Soucieux des détails de la vie sentimentale. Souffrances morales engen-drées par les multiples contradictions de sa vie sentimentale et sexuelle.

Cancer ascendant Balance : Besoin de briller, d'être aimé et d'avoir sa part de bonheur. Il envie le bonheur des autres.

Cancer ascendant Scorpion : Créativité très développée. Pouvoir de sublimation poussé et grande capacité à com-prendre les mystères de la vie à travers l'amour et la sexua-lité. Vie sexuelle riche et heureuse à l'automne de sa vie. Son enfance le marque profondément.

Cancer ascendant Sagittaire : Besoin de justice, de générosité et de grandeur dans tout ce qu'il vit sentimen-talement et sexuellement. Il aime les enfants. Il admire ceux qui se donnent pour une cause. Prédisposé à aller très loin dans sa vie affective.

Cancer ascendant Capricorne : Torturé entre le désir de dominer et celui d'être dominé. Méfiance des sentiments. Il ressent le besoin d'unir le corps et l'âme car, quand il ne réalise pas une telle union, il y voit la fin de son idéal.

Cancer ascendant Verseau : Besoin de parcourir le monde pour trouver son foyer et espère ou croit pouvoir trouver son foyer dans chaque être humain. Prédisposé à créer mille merveilles, mais il a peur de subir le contrecoup de ses actes.

Cancer ascendant Poissons : Émotivité, grandeur, amour, mais trop grande subjectivité. Il est prédisposé à se rendre malheureux pour des riens.

LE SIGNE DU CANCER AVEC LES AUTRES SIGNES ET SES POSSIBILITÉS D'ENTENTE SUR LES PLANS SENTIMENTAL ET SEXUEL

Cancer avec Bélier : Ils s'aiment beaucoup, mais ils ont peur de prendre la même route ensemble car leurs exigences sont totalement opposées et leurs besoins affectifs se situent dans des zones qui ne se rencontrent pas. Vive sexualité, mais sensualité et sentimentalité difficiles.

Cancer avec Taureau : Ils ont besoin de vivre dans une maison située loin de tous et de tout, de vivre entourés de plantes et d'animaux et de vivre leur bonheur loin du regard des autres. Extraordinairement prédisposés à sublimer la souffrance. La sensualité l'emporte sur la sexualité.

Cancer avec Gémeaux : Prédisposés à rester jeunes toute leur vie. Grand besoin de tendresse. Sexualité qui n'est pas omniprésente mais qui est teintée de toute l'affection possible. Ils ne veulent pas vieillir.

Cancer avec Cancer : Si l'un des deux a un ascendant très fort, cela peut aller, sinon ils chercheront toute leur vie quelque chose qui n'existe pas, ou alors ils se feront mal, étant incapables d'adhérer au monde adulte. La sensualité l'emporte sur la sexualité.

Cancer avec Lion : Beaucoup de bonheur si les deux se respectent mutuellement, mais le Lion a trop tendance à dominer le Cancer en le considérant comme un rêveur, tandis que le Cancer a l'impression que sa vie antérieure est sacrifiée à l'avantage du Lion.

Cancer avec Vierge : Prédisposés au bonheur, mais dans des zones très complexes. Le natif de la Vierge analyse et scrute les émotions du Cancer et ce dernier lui rappelle qu'une trop grande analyse des choses empêche de les vivre. Sensualité intermittente.

Cancer avec Balance : Prédisposition au bonheur. Tous les deux veulent un foyer, la paix et l'harmonie. Toutefois, le natif de la Balance sent le besoin d'aller voir ailleurs s'il plaît, tandis que le natif du Cancer voudrait le garder toute sa vie pour lui seul. Sensualité qui submerge tout.

Cancer avec Scorpion : Ils s'attirent et se comprennent. L'un crée la vie, tandis que l'autre ne vit que lorsqu'il sème la destruction. Sexualité et sensualité qui se rencontrent parfaitement.

Cancer avec Sagittaire : Ils ont du mal, dans leur vie quotidienne, à comprendre leurs besoins mutuels parce que l'un veut sauvegarder les choses, tandis que l'autre veut les donner ou les gaspiller. Très belle sensualité.

Cancer avec Capricorne : Ils se cherchent, mais leur pôle d'attraction respectif est en opposition. Ils ont du mal à se comprendre, parce que le premier a besoin de tendresse tandis que l'autre réclame du sexe, surtout au deuxième âge. Amour brûlant qui n'a pas encore trouvé le moyen de s'exprimer.

Cancer avec Verseau : Leur sexualité est très belle, mais leur but intime et leur idéalisme diffèrent énormément.

Cancer avec Poissons : Généreux, ils cherchent à aider ceux qui souffrent, tant les humains que les animaux. Leur sensualité est apparente. Leur sexualité a parfois du mal à s'exprimer parce que leurs préoccupations charitables les absorbent trop.

CHAPITRE 5

AMOUR ET SEXUALITÉ
CHEZ LE NATIF DU LION

Le signe du Lion, dominé par le Soleil, touche les sentiments et le natif du Lion en est très affecté. Bien qu'il ait un grand cœur, le natif du Lion a horreur de la sensiblerie.

Son moi profond : Sentiment de fierté. Pour préserver cette fierté, il acceptera de sacrifier son affection et sa sexualité.

Sa sentimentalité : Elle est exempte de tout désir de profit, d'avantage, de faveur. Sa sentimentalité en fait le protecteur des personnes et des choses extraordinaires.

Sa sexualité : Elle est créatrice. Elle conduit le natif du Lion vers l'expansion de ses royaumes intérieur et extérieur.

Sentimentalité et sexualité liées : Prédisposé à être un père extraordinaire. Cette union de la sensualité et de la sexualité en fait un être extrêmement généreux.

Sentimentalité et sexualité séparées : Cette séparation fait naître en lui un grand besoin de séduction qui peut même le conduire jusqu'à la maladie mentale.

Sa sensualité : Essentiellement liée aux belles choses, à tout ce qui frappe l'œil et les oreilles, comme la musique. Le dos et le cœur sont des points sensibles. Le Lion ressent toujours le besoin de voir les autres dans les yeux car, pour lui, c'est par le regard que tout s'exprime.

Son ciel sur terre : Être aimé infiniment.

Son enfer sur terre : Être ignoré par la personne qu'il aime.

Sa servitude : Se sentir obligé, lorsque le cas se présente, de consoler une personne qui connaît une peine qui lui a été causée par une autre personne.

Son impossible rêve : Être roi dans son ménage.

Sa possessivité : Il accepte mal qu'une personne qu'il a déjà aimée puisse aimer quelqu'un d'autre. Cela le torture.

Sa sécurité : La présence auprès de lui de la personne qu'il aime.

Sa perception de la vie à deux : Il est certain que l'union de deux personnes qui s'aiment engendre la véritable affection.

Ses peurs : Passer à côté des choses, des chances, etc. Rater une chance d'être aimé davantage.

Son premier regard : Séduction. Le charme lui sied naturellement, même s'il n'en est pas toujours conscient.

Son dernier regard : Il se détourne, car il ne regarde jamais les échecs.

Ce qui lui plaît :
    Sentimentalement : La fierté de ses actes.
    Sexuellement : Sentir que la personne qu'il aime est entièrement à lui.

Ce qui lui déplaît :
>**Sentimentalement :** Ne pas être à la première place.
>**Sexuellement :** Qu'on fasse naître des illusions.

À faire pour être aimé de lui : Se respecter soi-même.

À ne jamais lui faire : Lui laisser entendre qu'une personne avant lui vous a mieux comblé que lui.

L'homme natif du Lion ne se préoccupe pas de savoir s'il est à sa place dans la société. Il a une vie de conquêtes très facile.

La femme native du Lion ne se laissera jamais dominer.

Tous les deux sentent le besoin d'aimer quelqu'un qui est à la hauteur de leurs rêves. Ils gardent toujours une bonne image du conjoint. Ils sont jaloux parce qu'ils sont possessifs, mais ils ne respectent que les gens qui sont comme eux.

LES ASCENDANTS DU NATIF DU LION ET LEUR INFLUENCE SUR LES PLANS SENTIMENTAL ET SEXUEL

Lion ascendant Bélier : Amour loyal. C'est l'amour avec un grand "A". Prédispositions à la parapsychologie et désir maladif de dominer l'entourage. Sexualité qui a besoin de pouvoir créer.

Lion ascendant Taureau : Danger de tout perdre à force de vouloir trop posséder.

Lion ascendant Gémeaux : L'intelligence intervient dans tout. La sexualité est extrêmement raffinée et le moindre regard est provocateur. Tout est provocation, dilatation, submersion. La sexualité est à la fine pointe des choses. Possibilité de vivre et d'aimer dans des zones très complexes et dans des situations très différentes les unes des autres. Bonheur total par l'intelligence.

Lion ascendant Cancer : Il aime les enfants du monde entier. Grande générosité. Sexualité créative.

Lion ascendant Lion : Besoin d'aimer et d'être aimé de façon surhumaine. Il trouve le salut à travers l'amour. Grande beauté. Sexualité qui a besoin de s'exprimer dans la grandeur et la noblesse.

Lion ascendant Vierge : Les qualités du Lion sont mises en doute par le natif de la Vierge. L'immensité est pour leur intérieur spirituel, tandis que la vie extérieure est réduite par le doute et l'émotion. Sexualité très complexe.

Lion ascendant Balance : Désir de plaire, d'être aimé, d'être le centre de l'univers. La sensualité est d'un raffinement total. Sexualité recherchée.

Lion ascendant Scorpion : Besoin de gouverner tout et tout le monde. Prédispositions à aimer plusieurs fois de façons totalement différentes. Renouvellement biologique à travers la sexualité.

Lion ascendant Sagittaire : Grande envergure. Capable d'aimer de façon extraordinaire. Besoin cependant de ne pas trop regarder le passé. Absence d'égoïsme. Sexualité très vive.

Lion ascendant Capricorne : Les amours, sous des apparences de froideur, sont des volcans tout prêts à entrer en éruption. Toutefois, la rancune, le doute et la peur peuvent ternir la réputation du Lion. Sexualité raffinée. Grande mémoire.

Lion ascendant Verseau : Dépassement. Désir à la fois de tout donner et de tout prendre pour tout garder. Déclin prévisible du Lion par une sublimation intérieure. Sexualité axée sur le système nerveux et sur le regard.

Lion ascendant Poissons : Prédisposé à donner énormément de sa personne pour une cause juste. Il ressent très profondément la solitude humaine.

LE SIGNE DU LION AVEC LES AUTRES SIGNES ET SES POSSIBILITÉS D'ENTENTE SUR LES PLANS SENTIMENTAL ET SEXUEL

Lion avec Bélier : Ils s'adorent, mais leur vie est remplie de querelles. Ils ont besoin de construire leur petit monde. Du côté charnel, leur rencontre est extraordinaire, parce que le feu, l'action et le dépassement les habitent. Ils sont capables de tout, mais peu de gens peuvent les comprendre.

Lion avec Taureau : Tout va bien lorsque la peur de perdre et le désir de régner ne sont pas trop forts chez l'un et chez l'autre. Sur le plan sexuel, ils peuvent très bien s'entendre, mais dans des zones très complexes, car leur mentalité gâche tout bien souvent. Peur paralysante. Sexualité exigeante.

Lion avec Gémeaux : À la condition de pouvoir se déplacer, de pouvoir parler, de pouvoir briller mutuellement, ils seront amants, amis, époux. Ils restent éternellement jeunes.

Lion avec Cancer : À la condition d'avoir une cause commune à servir, ils peuvent s'entendre pour la vie. Toutefois, si le Cancer se sent frustré dans son besoin de sécurité, le Lion, lui, paraîtra dépourvu de tout charme. Ils sont parfaitement conscients des faiblesses humaines.

Lion avec Lion : Union pour le meilleur ou pour le pire. C'est le couple que tout le monde regarde et dont tout le monde parle. Ils ne laissent pas indifférents. Ils ont besoin d'un royaume ; s'ils ne l'ont pas matériellement, ils l'auront spirituellement. Belle sexualité, saine et franche.

Lion avec Vierge : Le Lion veut que le natif de la Vierge aille de l'avant et ce dernier reproche au premier de l'entraîner n'importe où. Ils sont capables de se comprendre et de s'aimer, mais avec beaucoup de précaution, car leur susceptibilité respective intervient sur le plan sexuel. Cela a pour effet de bloquer leurs rapports.

Lion avec Balance : Aussi longtemps que le natif de la Balance pourra l'admirer, le Lion sera maître chez lui. Mais le Lion ne doit pas décevoir le natif de la Balance, car ce dernier reste implacable en de telles circonstances. Sexualité axée sur la beauté physique.

Lion avec Scorpion : À la condition que les deux puissent régner, un le jour et l'autre la nuit, il y aura entente totale qui durera au-delà du temps et de l'espace. Même s'ils se séparent, ce qu'ils se seront apporté restera éternel. Très belle sexualité.

Lion avec Sagittaire : Prédisposés à vivre des amours extra-ordinaires et à être témoins d'un monde absolument déli-rant. Si ce monde leur fait défaut, ils le créeront. Ils ont besoin de vivre des émotions rares et une sexualité enivrante.

Lion avec Capricorne : Ils s'aiment. L'un séduit par sa chaleur, l'autre par sa distance. Cette distance est toujours à respecter. Sexualité qui embrasse tout.

Lion avec Verseau : Le premier veut comprendre pourquoi l'autre lui échappe et le second a peur de s'abandonner. Leur attirance est extrêmement forte et, par moments, ils pourront vivre des états sublimes.

Lion avec Poissons : Ils ont en commun une grande capa-cité émotive, mais ils ont également peur d'être submergés. Le Poissons se laisserait aller, mais le Lion verrait là un manque de dignité de sa part. Ils ont toujours peur de quelque chose, mais ils ne savent pas de quoi au juste.

CHAPITRE 6

AMOUR ET SEXUALITÉ
CHEZ LE NATIF DE LA VIERGE

Le signe de la Vierge, dominé par Mercure, est caractérisé par la maîtrise et la patience. Le natif de la Vierge a peine à croire aux sentiments des autres ou ne les voit pas. Et avant même que ne commence un amour, il connaît le détail et la fêlure qui, plus tard, détruiront cet amour.

Son moi profond : Scepticisme. Il analyse la moindre chose. Il voit des choses qui peuvent passer inaperçues chez d'autres.

Sa sentimentalité : Sa sentimentalité est réduite, car il a peur de ne pas être à la hauteur et il craint qu'on l'utilise à des fins égoïstes. Toutefois, s'il surmonte ses peurs, sa sentimentalité devient fine et subtile.

Sa sexualité : Sexualité raffinée. Il doit être certain que la sexualité mène quelque part.

Sentimentalité et sexualité liées : Cela l'amène à une recherche d'émotions intéressantes à vivre.

Sentimentalité et sexualité séparées : Il peut alors devenir inconsciemment méchant grâce à son sens de l'observation et à son habileté à manier le verbe.

Sa sensualité : Elle lui inculque le souci des petites choses qui lui sont aussi vitales que l'air. Un rien peut l'exalter ou détruire ce qu'il croyait éternel.

Son ciel sur terre : La certitude sur tout.

Son enfer sur terre : Le tourment du doute engendré par les gestes d'une personne qui ne coïncident pas avec les paroles de cette même personne.

Sa servitude : Les petits services qu'inconsciemment, il rend à tout le monde et la crainte de n'être pas apprécié pour avoir rendu ces services.

Son impossible rêve : Rendre l'amour utile à la réalisation de sa destinée.

Sa possessivité : Cette possessivité se retrouve dans les petites choses qui passent inaperçues. Il ne partage pas beaucoup la vérité.

Sa sécurité : La propreté du corps et l'honnêteté.

Sa perception de la vie à deux : Vie harmonieuse, discrète et paisible.

Ses peurs : Le désordre sous toutes ses formes.

Son premier regard : Regard d'exactitude. Il sait instinctivement ce qu'il faut faire ou ne pas faire avec les gens.

Son dernier regard : La froideur. De plus, il ne tolère pas qu'on exige de lui des explications.

Ce qui lui plaît :
> **Sentimentalement :** La retenue et la discrétion.
> **Sexuellement :** La propreté des intentions.

Ce qui lui déplaît :
> **Sentimentalement :** L'absence de subtilité.
> **Sexuellement :** La vantardise, car elle peut l'inhiber totalement.

À faire pour être aimé de lui : Avoir de la finesse d'esprit.

À ne jamais lui faire : Lui faire des comparaisons ; cela le fait fuir, car il craint de perdre.

L'homme et la femme natifs de la Vierge sont semblables. Ils ressentent tous les deux les mêmes émotions. Ils aiment savoir où ils vont. Il ne faut pas leur mentir, car ils s'en aperçoivent rapidement et n'hésitent pas à le dire. Ils se sentent très utiles pour la société et envers les gens qu'ils aiment. Ils se sentent valorisés.

LES ASCENDANTS DU NATIF DE LA VIERGE ET LEUR INFLUENCE SUR LES PLANS SENTIMENTAL ET SEXUEL

Vierge ascendant Bélier : Besoin de dépasser le doute et l'esprit d'analyse. Besoin de foncer, de séduire et de tout accaparer. Complexe de culpabilité permanente qui peut affecter la santé lorsque les choses tournent mal.

Vierge ascendant Taureau : Sensualité extraordinaire. Prédispositions à être aimé de tout le monde.

Vierge ascendant Gémeaux : Grand besoin de mener une vie pleine d'émotions. Capacité d'approfondissement des connaissances sur la nature humaine. Sexualité intelligente.

Vierge ascendant Cancer : L'on se fait du mal pour rien, car le moindre mot, le moindre geste prend une ampleur hors de proportions. Prédispositions à une vie affective très poussée.

Vierge ascendant Lion : Besoin de posséder ceux que l'on aime par la finesse du raisonnement. Peur de perdre, de ne pas être à la hauteur et de commettre des erreurs graves. Sexualité angoissée, mais ce défaut peut être surmonté.

Vierge ascendant Balance : Besoin d'amour, mais difficulté à exprimer ce besoin. Danger d'être trop au service des autres ; sa vie affective peut en être affectée. Prédispositions à une riche sensualité, toujours discrète toutefois.

Vierge ascendant Scorpion : Besoin d'analyser les pulsions, de comprendre ce qui est irrationnel. Sa sexualité est toujours vécue intelligemment. Sensualité raffinée.

Vierge ascendant Sagittaire : La vie intellectuelle l'emporte souvent sur la vie sensuelle. Un certain éloignement des gens est engendré par la peur de ne pas être assez aimé d'eux. Sensualité qui a besoin d'émotions rares, mais dans laquelle tout est vécu intérieurement.

Vierge ascendant Capricorne : Tout peut aller pour le mieux à la condition que la vie soit vécue sainement, dans le bonheur. Il ne se leurre pas sur les faux sentiments des autres, encore moins sur leurs paroles. Seuls les actes et les plaisirs physiques comptent.

Vierge ascendant Verseau : Besoin d'aller aux quatre coins du monde tout en maintenant une certaine sécurité chez lui. Prédispositions à un grand amour avec des personnes originales. Peur permanente de souffrir. Sexualité originale.

Vierge ascendant Poissons : Prédispositions aux complexes et au sentiment de culpabilité. Par contre, cette attitude permet de voir en profondeur le portrait de la sentimentalité et de la sexualité. Si son intelligence et sa sexualité sont en harmonie, sa vie sexuelle sera extraordinaire.

LE SIGNE DE LA VIERGE AVEC LES AUTRES SIGNES ET SES POSSIBILITÉS D'ENTENTE SUR LES PLANS SENTIMENTAL ET SEXUEL

Vierge avec Bélier : Ils s'entraident, mais, sur les plans sexuel et sentimental, le premier va trop vite par rapport au second. Dès que ces difficultés sont surmontées, la fidélité devient possible, mais dans des conditions que le natif de la Vierge remet souvent en question.

Vierge avec Taureau : Sensualité harmonieuse. Recherche des émotions rares. Riche sensualité axée sur les réalités de la vie.

Vierge avec Gémeaux : Prédispositions à aller très loin. Peuvent se faire mal pour des riens. Danger de mélanger sensualité et sexualité avec la vie de tous les jours.

Vierge avec Cancer : Si la sécurité et la stabilité du foyer sont assurées, ils peuvent se comprendre, s'aimer et se garantir une existence heureuse à long terme. L'affection prend le pas sur la sexualité.

Vierge avec Lion : Le premier veut tout comprendre et régner sur tout, mais le second ne permet pas qu'on le domine. Complexité émotionnelle et sexuelle qui, régulièrement, prend des tournures différentes.

Vierge avec Vierge : Ils se comprennent, mais ils se torturent en craignant toujours tous les deux que l'autre trouve un plus grand amour ailleurs (ou qu'il l'ait déjà connu), mais leur foi peut les amener à dépasser ces peurs puériles.

Vierge avec Balance : Ils peuvent se comprendre et s'aimer, mais ils peuvent également s'éviter par peur de souffrir. Tous les deux sont éternellement hésitants sur le plan sentimental. Riche sensualité.

Vierge avec Scorpion : Tout ce qui touche la sexualité est très fort et peut être sublime. Ils ont cependant peur de se perdre mutuellement et cela engendre un comportement émotif déplacé.

Vierge avec Sagittaire : Ils peuvent se comprendre et s'unir s'ils ont un travail et un but commun. Toutefois, s'ils poursuivent des objectifs différents, ils auront du mal à réussir cette union. Heureuse sensualité qui ne peut l'être véritablement que si la routine est interrompue par des vacances.

Vierge avec Capricorne : Tout pourrait bien aller, mais il leur manque un peu de piquant dans la vie. Sentimentalité à « haute tension », car ils ne trouvent pas d'explications intellectuelles devant les actes concrets. Leurs peurs les limitent en tout.

Vierge avec Verseau : Le natif de la Vierge est calme, mais le Verseau le pousse à bout. Prédispositions à créer un univers à partir de choses simples et de voir dans la sexualité un renouvellement constant du corps et de l'âme. Tous les deux ont les nerfs fragiles et peuvent prendre pour affront ce qui est dit sans mauvaise foi.

Vierge avec Poissons : Ils s'attirent et pourraient s'aimer, mais ils se font du mal car ils n'ont pas les mêmes besoins. Ils cherchent continuellement des explications à toutes choses. Le natif de la Vierge semble distant du natif des Poissons.

CHAPITRE 7

AMOUR ET SEXUALITÉ
CHEZ LE NATIF DE LA BALANCE

Le signe de la Balance, dominé par Vénus, procure une vie affective qui tient une grande place dans l'existence. La vie émotionnelle du natif de la Balance est axée sur l'esthétisme. Il aime aussi que les choses finissent en beauté. Il maintient de bons rapports avec les personnes qu'il a aimées et dont il est séparé.

Son moi profond : Il demande une grande part d'affection à la vie. Si cela lui est refusé, étant dominé par Saturne, il peut se refermer sur lui-même et cesser d'attendre quoi que ce soit des autres.

Sa sentimentalité : Elle est complexe, car il veut toujours la perfection. Il a peur d'être malhonnête ou de se sentir malhonnête pour avoir aimé quelqu'un dans le passé. La peur de voir son sentiment amoureux grandir dans l'avenir semble compromettre sa vie amoureuse actuelle.

Sa sexualité : Il déteste les unions légales, comme le mariage, ce qui le fait passer pour une personne frivole. Mais, au fond, il n'est nullement frivole.

Sentimentalité et sexualité liées : Le bonheur lui sourit. Il ne se soucie de rien d'autre que de son bonheur.

Sentimentalité et sexualité séparées : Il peut devenir très froid et ne rechercher, dans ses liaisons, que son propre plaisir.

Sa sensualité : Recherche de la perfection sexuelle et sensuelle.

Son ciel sur terre : La solitude.

Sa servitude : Trop donner.

Son impossible rêve : Être le compagnon idéal pour toutes les personnes qu'il rencontre.

Sa possessivité : Ne tolère pas que l'on donne à d'autres ce qui lui est dû.

Sa sécurité : De fréquentes déclarations d'amour venant de son conjoint.

Sa perception de la vie à deux : La vie dans la simplicité et la permanence des sentiments.

Ses peurs : Que l'on ne trouve pas une certaine beauté en lui.

Son premier regard : Interrogatif. Il y a un quelque chose d'absolu dans ce regard, car l'amour occupe la première place dans sa vie.

Son dernier regard : Il est froid, comme une sorte de " justice implacable ".

Ce qui lui plaît :
>   **Sentimentalement :** La disponibilité.
>   **Sexuellement :** Le raffinement.

Ce qui lui déplaît :
>   **Sentimentalement :** La solitude.
>   **Sexuellement :** L'agression morale.

À faire pour être aimé de lui : Être unique dans ce qu'on lui apporte.

À ne jamais lui faire : Lui faire sentir qu'il est un partenaire parmi tant d'autres.

L'homme natif de la Balance éprouve une certaine difficulté à s'adapter à la société actuelle parce que la violence le révolte.

La femme native de la Balance, à première vue, semble être facile à comprendre mais, au fond, c'est un être complexe. Si elle a la certitude d'être aimée, elle peut rester longtemps avec le même partenaire.

Ils passent du charme agressif à la négation totale de toutes les formes de séduction. Cela est difficile à comprendre.

LES ASCENDANTS DU NATIF DE LA BALANCE ET LEUR INFLUENCE SUR LES PLANS SENTIMENTAL ET SEXUEL

Balance ascendant Bélier : Grande capacité affective et besoin d'être au cœur de l'union pour vraiment réussir sa destinée. Prédispositions au bonheur si les hésitations, le doute et les complexes de culpabilité n'interviennent pas. Parfaite harmonie sur les plans sensuel et sexuel.

Balance ascendant Taureau : Sensualité à fleur de peau. Aime la musique, les fleurs, la nature. Prédisposé à vivre dans une parfaite harmonie avec les autres. N'est nullement agressif sur le plan sexuel et ne peut supporter la violence.

Balance ascendant Gémeaux : Doué pour le flirt, les conquêtes faciles. Il aime l'amour pour l'amour. Peur de la solitude et des responsabilités à long terme. Prédispositions à une union très heureuse pendant toute sa vie, même à l'automne de sa vie. Amour de tout ce qui est jeune et beau.

Balance ascendant Cancer : Tout dans sa vie est axé sur l'amour et son foyer. Prédispositions aux heurts entre sa sensualité et sa sexualité. Si son enfance a été pénible, certaines de ses idées fixes seront difficiles à défaire. Sensualité plus forte que la sexualité.

Balance ascendant Lion : Besoin de plaire et d'être aimé. Il se croit important. Il peut se faire du mal pour des riens, ce qui laisse souvent les autres indifférents. Sensualité harmonieuse avec l'univers.

Balance ascendant Vierge : Peur de perdre, besoin d'être possédé et d'être continuellement en sécurité. Sa sensualité et sa sexualité sont tributaires de ses craintes. Besoin de créer l'amour autour de lui.

Balance ascendant Balance : La recherche de la personne à aimer demande toutes ses énergies et demande une foi solide car, pense-t-il, les unions ne sont pas toujours idéales. Il ne peut se passer d'amour.

Balance ascendant Scorpion : Magnétisme. Capable d'être au-delà de lui-même dans tous les domaines. Besoin de vivre une vie sentimentale qui ne laisse aucune place au vide. Harmonie parfaite entre sa sexualité et sa sensualité.

Balance ascendant Sagittaire : Souvent indécis dans l'amour qu'il porte à une personne. Il s'interroge sur l'harmonie de ses liens amoureux. Il est capable de se créer une destinée spéciale. Indépendance au niveau affectif.

Balance ascendant Capricorne : Grand besoin d'affection, mais incapacité d'extérioriser ce besoin. Il regrette le passé et craint l'avenir. Peur de vivre des amours non conventionnelles. Sexualité très intense. Maturité très belle.

Balance ascendant Verseau : Prédispositions à vivre des situations extraordinaires. Peur d'être lié pour toujours à la même personne. Il a horreur des contrats.

Balance ascendant Poissons : Sexualité très complexe qui n'est pas vécue au grand jour. Adoration devant l'univers.

LE SIGNE DE LA BALANCE AVEC LES AUTRES SIGNES ET SES POSSIBILITÉS D'ENTENTE SUR LES PLANS SENTIMENTAL ET SEXUEL

Balance avec Bélier : Grande attirance dès le départ. Magnétisme omniprésent. Sexualité à fleur de peau. Besoin de se compléter et de vivre en harmonie. Toutefois, le Bélier force souvent la main au natif de la Balance qui, pour ne pas se tromper dans son choix, prend tellement de temps qu'il risque de tout perdre.

Balance avec Taureau : C'est la paix et l'harmonie, à la condition que le Taureau ne soit pas trop lourd, trop rude, et que le natif de la Balance sache exactement quel genre de partenaire il désire. Extraordinaire sensualité.

Balance avec Gémeaux : Ils vivent bien ensemble à la condition de ne pas avoir une vie trop limitée au foyer. Fatalité si leurs problèmes financiers deviennent compliqués. Sexualité qui maintient le corps jeune.

Balance avec Cancer : Le natif du Cancer cherche un amour exclusif, tandis que l'autre court au-devant de nouveaux amours. Sexualité commune qui est difficile à cerner. Sensualité aux exigences différentes chez l'un et l'autre.

Balance avec Lion : Ils peuvent s'aimer toute leur vie, si le natif de la Balance estime que son conjoint en vaut la peine et si le natif du Lion trouve son conjoint digne de lui. Ils sont capables de passion et leur sexualité peut durer très longtemps. Ils peuvent former un couple maudit car, sous cette forme d'union, ils engendrent mille et un secrets qui viennent troubler les gens qui les entourent.

Balance avec Vierge : Ils sont capables de s'entendre, mais le natif de la Vierge est las de l'apparente coquetterie de son conjoint. De plus, le natif de la Balance est las des éternelles revendications de son partenaire. Toutefois, lorsque la chose est possible, il y a harmonie sensuelle.

Balance avec Balance : Sexualité intense. Ils peuvent être heureux. Ils ont un léger problème : l'un pense être aimé un peu trop tard, tandis que l'autre aime peut-être trop avant le temps.

Balance avec Scorpion : Ils se recherchent, se croisent et s'entrecroisent, mais ils n'osent avancer. Le Scorpion a peur de la vanité du natif de la Balance, tandis que ce dernier craint l'intransigeance du Scorpion. Ils peuvent s'aimer quand même. Belle sexualité.

Balance avec Sagittaire : Belle entente s'ils peuvent parcourir le monde, mais ni l'un ni l'autre ne veut s'attacher pour un but précis ou pour une période déterminée. Riche sexualité et sensualité fortement axée sur les plaisirs de la vie.

Balance avec Capricorne : Ils ont besoin l'un de l'autre. Ils ressentent le besoin de vivre une union durable. Malheureusement, le natif de la Balance éloigne son conjoint par son désir de rester éternellement jeune, alors que le Capricorne adore la maturité. Forte sexualité.

Balance avec Verseau : Grand amour possible, mais dans des conditions d'irréalité. Ils ont peur de la réalité lorsqu'elle est trop lourde à supporter. Leur moi profond est inébranlable. Sexualité fantaisiste.

Balance avec Poissons : Ils sont capables de s'aimer toute leur vie et de rester au même diapason. Il arrive parfois que des problèmes d'ordre pratique se posent et alors, les difficultés commencent. Sexualité diffuse.

CHAPITRE 8

AMOUR ET SEXUALITÉ
CHEZ LE NATIF DU SCORPION

Le natif du Scorpion, dominé par les planètes Mars, Uranus et Pluton, vivra une sexualité extraordinaire. Il n'est pas nécessairement "sexy", mais, dans le zodiaque universel, c'est le signe qui possède le pouvoir de créer et de détruire.

Son moi profond : C'est une personne qui n'est limitée, aux niveaux des sentiments, de la sensualité et de la sexualité, que par la froideur et l'ironie.

Sa sentimentalité : Il ne se fait jamais d'illusions. Il sait exactement ce que l'on pense de lui, à quel degré il est aimé et ce que l'on attend de lui.

Sa sexualité : Il a horreur de l'approche sexuelle qui n'engage à rien.

Sentimentalité et sexualité liées : Cela engendre un pouvoir de créativité extraordinaire.

Sentimentalité et sexualité séparées : La froideur dans la séduction et l'absence d'émotions.

Sa sensualité : Sensualité intense, bien qu'il connaisse les limites du corps.

Son ciel sur terre : Vivre des situations complexes, ambiguës qui n'ont jamais de fin.

Son enfer sur terre : Absence d'émotions. Devoir supporter les choses tranchantes.

Sa servitude : Toujours là à attendre qu'il se passe des choses.

Son impossible rêve : Sexualiser le monde entier.

Sa possessivité : Possessivité morale très forte. Il aime recevoir, mais donne peu en retour. Il a du mal à exprimer ses sentiments.

Sa sécurité : Savoir qu'il aura encore des passions à vivre.

Sa perception de la vie à deux : Il y voit un petit monde perché dans les nuages, entouré de paix et de sérénité.

Ses peurs : Ne pas être capable d'aller assez loin.

Son premier regard : Passionné. Il réalise vite la portée de ses sentiments. Il ne revient jamais sur sa première impression.

Son dernier regard : Méprisant à l'égard de ceux qui ne sont pas à la hauteur ou, du moins, ceux qu'il juge comme tels.

Ce qui lui plaît :
    Sentimentalement : L'intensité de la présence d'une autre personne.
    Sexuellement : La vérité.

Ce qui lui déplaît :

    Sentimentalement : La comédie, le manque de sincérité.

    Sexuellement : La mièvrerie.

À faire pour être aimé de lui : Aller jusqu'au bout de ses idées. L'on risque ainsi de le garder ou de le perdre, mais l'on sait à quoi s'en tenir.

À ne jamais lui faire : Faire croire que l'on ne comprend pas ce qui se passe, c'est faire insulte à son intelligence.

L'homme natif du Scorpion a une assez belle place dans la société. Ce qu'il représente est très valorisé dans la société actuelle.

La femme native du Scorpion peut tout pardonner sauf de n'être pas perçue comme premier pôle dans une liaison amoureuse. Elle perd vite intérêt dans une union sans passion.

Tous les deux, homme et femme natifs du Scorpion, ressentent le besoin d'exprimer le meilleur d'eux-mêmes. Ils peuvent être adorables ou détestables, mais ils ne restent pas indifférents.

LES ASCENDANTS DU NATIF DU SCORPION ET LEUR INFLUENCE SUR LES PLANS SENTIMENTAL ET SEXUEL

Scorpion ascendant Bélier : Besoin de dominer et de savoir exactement où il va. Prédispositions aux maladies physiques et psychiques par manque ou excès affectifs ou sexuels. Très vive sexualité.

Scorpion ascendant Gémeaux : Grand pouvoir de personnification. Besoin d'amours différents. Sexualité et sensualité qui passent par le raisonnement. Il juge à froid.

Scorpion ascendant Cancer : Besoin de dominer et de tout comprendre. Situation morale absolument incroyable. Tout passe par les sens et sa sexualité est dominée par sa sensualité.

Scorpion ascendant Lion : Émotivité intense qui peut être contrôlée par la poursuite d'un but bien précis ou par une vie intellectuelle très intense. Très forte sexualité. Il n'appartient à personne.

Scorpion ascendant Vierge : Besoin de savoir exactement où il va sur les plans affectif et sexuel. Émotivité à fleur de peau. Sentiment très grand de sa puissance qui s'exprime intellectuellement.

Scorpion ascendant Balance : Le désir de plaire l'emporte sur tout. Beauté et charme irrésistibles. Très conscient de la fragilité des choses. Très forte sexualité, mais sporadiquement.

Scorpion ascendant Scorpion : Il ne trouve son alimentation morale que dans les extrêmes sur le plan sentimental. Très grande peur de la mort.

Scorpion ascendant Sagittaire : Intériorité très forte. Besoin de subordonner sa vie au dépassement de lui-même. Bien des choses se subliment en lui.

Scorpion ascendant Capricorne : Même s'il paraît distant, son cœur et son corps vivent très intensément, bien qu'il ait peur d'exprimer trop librement ses émotions. Il vit intensément. Besoin de se calmer et de se fixer un but bien précis.

Scorpion ascendant Verseau : Sentimentalité qui l'amène à vivre des situations contradictoires. Il est sexuellement attiré par les personnes qui ont une destinée extraordinaire. Besoin de dépassement par une vie intérieure intense.

Scorpion ascendant Poissons : Sentiment d'appartenir à un monde intérieur plus important que son monde extérieur. Sensualité parfois trop terne.

LE SIGNE DU SCORPION AVEC LES AUTRES SIGNES ET SES POSSIBILITÉS D'ENTENTE SUR LES PLANS SENTIMENTAL ET SEXUEL

Scorpion avec Bélier : Attirance très grande pour bâtir ou détruire. Ils sont conscients de leur puissance respective et cela les amène à se respecter. Sexualité ouverte, sans fausse pudeur.

Scorpion avec Taureau : Ils s'aiment, mais ils se font peur. Ils sont très âpres dans leurs décisions et dans leur façon de voir les choses. Sensualité et sexualité extrêmes.

Scorpion avec Gémeaux : Ils peuvent à la fois se faire beaucoup de bien et beaucoup de mal. Ils sont constamment à la recherche de l'impossible. Ils sont gourmands face à la vie.

Scorpion avec Cancer : Ils peuvent s'aimer, mais ils doivent, pour en arriver là, avoir une grande tendresse l'un envers l'autre. Sensualité très complexe.

Scorpion avec Lion : Aucun des deux ne doit mentir ou cacher quoi que ce soit. Ils ont horreur des fausses amitiés et des faux-semblants. À l'occasion, leur franchise est brutale. Forte sexualité.

Scorpion avec Vierge : Ils s'aiment, bien qu'ils se fassent parfois du mal. Ils sont conscients de leurs forces et de leurs faiblesses. Amour mêlé de tendresse.

Scorpion avec Balance : Grande attirance, mais, parfois, ils y a incompatibilité de caractères. Le Scorpion désire la passion, tandis que le natif de la Balance désire avant tout la tendresse. Malgré cela, ils peuvent s'aimer. Très belle sexualité.

Scorpion avec Scorpion : Leur relation est hors du commun, difficile à comprendre. Ils sont capables de tout : d'amour, de haine, d'absolu. C'est le couple le plus complexe de la terre. Au moment où tout va mal et semble perdu, tout recommence. Sexualité créatrice. Destinés à la destruction.

Scorpion avec Sagittaire : Curieusement, le Scorpion est fasciné par le fait qu'il ne soit pas capable de retenir le Sagittaire. Ils ont des projets de voyages lointains. Belle sensualité.

Scorpion avec Capricorne : Ils se regardent sans arrêt. Ils se comprennent du premier regard. Ils ont peur de céder l'un devant l'autre. Ils sont capables d'un amour fou sous des apparences d'indifférence. Sexualité que peu de gens comprennent.

Scorpion avec Verseau : Ils sont attirés vers l'infini. Ils ont sans cesse besoin d'une provocation pour se prouver qu'ils s'aiment. Respect de l'indépendance des gens. Très belle sexualité.

Scorpion avec Poissons : Pour eux, les choses sexuelles et sentimentales sont ce qu'il y a de plus important dans la vie. Ils ont besoin de tellement d'amour et de tendresse que la vie ne les satisfait que très rarement. Sensualité et sexualité qui se perdent dans l'infini.

CHAPITRE 9

AMOUR ET SEXUALITÉ
CHEZ LE NATIF DU SAGITTAIRE

Le signe du Sagittaire, étant dominé par Jupiter, est un signe de démesure. Le natif de ce signe a besoin de se sentir grand dans la vie et il accepte mal les limites qui lui sont imposées par le milieu familial. Il ne veut aller que vers l'essentiel. Il peut devenir malade si on l'empêche de vivre sa vie.

Son moi profond : Il recherche le dépassement et cela accapare tout son esprit.

Sa sentimentalité : Il cherche toujours à conquérir les cœurs. Il est loin d'être passif. Il préférera devancer la rupture plutôt que de risquer d'être abandonné.

Sa sexualité : Elle est idéaliste ou, au contraire, frivole et dénuée de sentiments.

Sentimentalité et sexualité liées : Grande plénitude constamment menacée par son farouche désir d'indépendance. Il n'aime pas rendre de comptes. Forme très particulière de fidélité.

Sentimentalité et sexualité séparées : Il s'ennuie vite et recherche alors des amours imaginaires dans des décors exotiques.

Sa sensualité : Idéalisation de la sensualité.

Son ciel sur terre : Partir, toujours partir avec un être aimé.

Son enfer sur terre : Vivre sans changement sous le joug d'une personne jalouse.

Sa servitude : Être obligé de calculer. Mercure, étant en souffrance dans le Sagittaire, il lui est pénible de calculer quoi que ce soit et de subir les conséquences de ses actes.

Son impossible rêve : Ne plus se soucier de quelque forme de sécurité que ce soit.

Sa possessivité : Celle de l'esprit. Il sait très bien, étant vagabond de nature, que l'on ne possède jamais quelqu'un par la force.

Sa sécurité : Savoir que plusieurs choses restent à vivre.

Sa perception de la vie à deux : Se respecter mutuellement et partager, sans limite, leurs expériences.

Ses peurs : Ne plus pouvoir séduire.

Son premier regard : Un regard d'idéalisation. Il place très haut les êtres qu'il aime et est souvent déçu.

Son dernier regard : Un regard préoccupé, distrait.

Ce qui lui plaît :
    Sentimentalement : La grandeur d'âme.
    Sexuellement : La connaissance de toutes les formes d'amour.

Ce qui lui déplaît :
    Sentimentalement : L'étroitesse d'esprit.
    Sexuellement : Les intrigues.

À faire pour être aimé de lui : Être prêt à se rendre au bout de soi-même.

À ne jamais lui faire : Restreindre son univers.

L'homme natif du Sagittaire est prédisposé à aimer, mais il veut comme partenaire une personne qui puisse aimer sans se soucier de la sécurité matérielle.

La femme native du Sagittaire a besoin de se prouver qu'elle peut aimer qui elle veut, quelle que soit l'idée que se font les gens qui l'entourent. Elle accepte, dans ses amours, de sentir une évolution, sans quoi elle se lasse. Elle ne veut rien entendre de la discrimination sexuelle que lui impose la société. De toute manière, elle n'y pense pas, parce que trop préoccupée à vivre. Sa conscience est son seul guide.

En amour, on ne limite pas un Sagittaire impunément, car il cesse alors d'aimer.

LES ASCENDANTS DU NATIF DU SAGITTAIRE ET LEUR INFLUENCE SUR LES PLANS SENTIMENTAL ET SEXUEL

Sagittaire ascendant Bélier : Grand besoin de donner, de transcender les sentiments ordinaires. Besoin d'idéal et de transfiguration des émotions. Sexualité saine et heureuse. Il vit vraiment ce qu'il doit vivre.

Sagittaire ascendant Taureau : Besoin de se sécuriser dans des situations peu sécurisantes. Amour très grand des autres et de lui-même. Capacité de tout vivre et de tout donner.

Sagittaire ascendant Gémeaux : Besoin d'aimer des êtres, des choses, des pays, des lieux et, si possible, des âmes différentes. Sexualité souvent très différente au fur et à mesure que les années s'écoulent.

Sagittaire ascendant Cancer : Besoin de générosité envers lui-même et les autres. Besoin d'amour. Besoin de créer un nid, mais qui ne soit pas définitif. Riche sensualité.

Sagittaire ascendant Lion : Besoin d'aller au-devant des émotions les plus fortes. Courage moral. Besoin aussi d'aimer, souvent à contre-courant de la société ou de lui-même, des personnes qui arrivent dans la vie comme par fatalité. Sexualité extraordinairement dilatée.

Sagittaire ascendant Vierge : Besoin d'aimer ou d'être aimé avec passion. Il ne pardonne aucune faiblesse. Sentiments très forts de souffrance morale. Sexualité raffinée.

Sagittaire ascendant Balance : Besoin de plaire à tout le monde. Universalisme dans la pensée. Sexualité illimitée.

Sagittaire ascendant Scorpion : Besoin d'aimer et d'être aimé. Besoin d'aller au-devant de tout et souvent d'aimer quelque chose qui se rapproche d'une religion ou d'un état religieux. Sexualité très forte et très belle.

Sagittaire ascendant Sagittaire : Situation morale très belle. Besoin du dépassement de soi. Sentiment très fort de la limitation des amours et recherche dans l'absolu du quelque chose qui dépasse ses amours. Sexualité universelle.

Sagittaire ascendant Capricorne : Grand besoin de se sécuriser. Conflit entre le corps et l'esprit. Capacité de porter en lui plusieurs éléments contradictoires, mais il est capable de garder, sous des apparences froides, le calme nécessaire pour qu'aucun drame ne survienne.

Sagittaire ascendant Verseau : Besoin d'être disponible à tout ce que la vie peut offrir. Intériorité hors du temps et de l'espace. Sexualité vive qui s'enflamme facilement.

Sagittaire ascendant Poissons : Prédisposé à se sacrifier pour une noble cause. Grand besoin d'idéalisme.

LE SIGNE DU SAGITTAIRE AVEC LES AUTRES SIGNES ET SES POSSIBILITÉS D'ENTENTE SUR LES PLANS SENTIMENTAL ET SEXUEL

Sagittaire avec Bélier : Ils s'aiment dès le premier regard. Ils ont en commun le don de croire en des choses impossibles. Ils ne se limitent en rien. Leur sexualité est délimitée par leur désir de vivre intensément. Ils ne voient pas les difficultés. Ils croient seulement en eux-mêmes.

Sagittaire avec Taureau : Le premier pousse le second à se dépasser. Le Taureau pousse le Sagittaire à voir les beautés de la vie. Ils s'aimeraient bien, mais ils ont des besoins totalement différents. Sentiment constant de déchirement, parce que leur besoin de sécurité ne se situe pas au même niveau.

Sagittaire avec Gémeaux : S'il n'y a pas de problèmes matériels trop graves, ils peuvent avoir une vie très exaltante. Ils forment un couple fantastique. Sensualité et sexualité qui se renouvellent sans cesse. Amour des choses qui portent aux excès.

Sagittaire avec Cancer : Ils peuvent passer l'un et l'autre à côté d'un grand bonheur, car ils ont peur d'exprimer leurs sentiments et de jouer cartes sur table. Sensualité créatrice.

Sagittaire avec Lion : Ils peuvent se comprendre et s'adorer, mais leur bonheur est égaré. Il leur faudrait, pour s'épanouir pleinement, créer un nouveau monde, une nouvelle vie et de nouvelles lois.

Sagittaire avec Vierge : Ils peuvent s'entendre, mais à la condition que l'un ne gouverne pas l'autre. Ils sont foncièrement différents au départ, mais ils peuvent se comprendre à l'arrivée. Ils ont un besoin très grand de tendresse et d'affection. Sensualité naturelle.

Sagittaire avec Balance : Ils sont parfaits pour faire le tour du monde, mais aucun des deux ne veut servir l'autre. Ils ont besoin d'un très grand champ de conscience et d'émotion. La Balance a toujours peur pour son union, tandis que le Sagittaire trouve un tremplin dans les difficultés et inquiétudes. Difficultés à s'aimer dans le temps, car l'un est toujours absent. Sensualité teintée de stérilité.

Sagittaire avec Scorpion : Ils peuvent très bien s'entendre, mais leur vision de la vie et de l'amour est totalement différente. Le Sagittaire croit toujours que quelque chose de nouveau arrivera demain et le Scorpion sait, lui, ce qui arrivera. Leurs croyances ne passent pas par les mêmes certitudes.

Sagittaire avec Sagittaire : Nombreuses fugues, voyages fréquents, ruptures et rendez-vous clandestins. Ils ont horreur de raconter à tous leurs mille folies car les gens les trouvent volontiers trop excentriques.

Sagittaire avec Capricorne : Besoin d'aimer et d'être aimés à l'infini mais difficulté à exprimer ces besoins. Le Sagittaire fait peur au Capricorne par son autorité. Le Capricorne fait peur au Sagittaire par son manque de fantaisie.

Sagittaire avec Verseau : Possibilité de créer un petit monde de démesure et d'absence de préjugés. Besoin constant d'affrontement et de scandale. Ils veulent toujours avoir raison. Sexualité explosive.

Sagittaire avec Poissons : Ils peuvent très bien s'entendre, car ils ont en commun le goût de vivre des choses totalement différentes. Mais l'un n'est pas assez doué pour la souffrance, alors que l'autre la sublime constamment. Sensualité extraordinairement belle. Sexualité qui, parfois, s'éloigne pour mieux renaître.

CHAPITRE 10

AMOUR ET SEXUALITÉ
CHEZ LE NATIF DU CAPRICORNE

Le signe du Capricorne, dominé par Saturne, est très complexe. Le natif du Capricorne désire aimer et être aimé mais, souvent, il doute. Sa trop grande exigence de maturité de la part de l'autre peut compromettre son amour.

Son moi profond : Profondément rêveur, bien qu'il ait peur de ses rêves. La réalité peut lui sembler très étroite, mais il s'accroche à elle.

Sa sentimentalité : Il ne s'abandonne que dans la solitude pour souvent la remettre en jeu.

Sa sexualité : Il sait exactement ce qu'il veut et il ne craint pas de l'afficher, pensant inconsciemment que ce qui manque sur le plan purement sentimental sera compensé sur le plan physique. Cependant, quand les choses vont plus loin qu'il ne s'y attende, il a peur de souffrir et a du mal à exprimer ses émotions.

Sentimentalité et sexualité liées : Les choses peuvent durer très longtemps, car s'il a ce qu'il veut, il ne va pas voir ailleurs.

Sentimentalité et sexualité séparées : La froideur dans la passion, par peur de se faire prendre, devient une seconde nature.

Sa sensualité : Il adore les tissus anciens et tout ce qui a fait ses preuves sur les plans esthétique et humain.

Son ciel sur terre : Aimer dans la force de l'âge ; cela conserve sa jeunesse.

Son enfer sur terre : L'inexactitude et la fantaisie quand il juge qu'elles sont déplacées. Il n'aime pas être surpris, voire dérangé dans ses ébats amoureux. Être aimé trop tard.

Sa servitude : Aimer quelqu'un qui est absent.

Son impossible rêve : Imposer avec lenteur sa force et son affection à ceux qu'il aime, mais ne jamais les voir souffrir du doute. Fonder un foyer.

Sa possessivité : Il ne peut supporter que quelqu'un vienne jouer dans ses plates-bandes. Le risque du partage affectif lui fait lâcher prise.

Sa sécurité : Le silence qui implique la compréhension.

Sa perception de la vie à deux : Vieillir avec une personne qui l'aime et ne pas sentir l'approche de la mort, tant cet amour est doux.

Ses peurs : Ne pas être en mesure de sécuriser ceux qu'il aime. Crainte qui devient vite chez lui une obsession.

Son premier regard : Regard de réaction. Au début, il est hésitant ; il craint de se laisser aller.

Son dernier regard : C'est la confusion, car il ne comprend jamais la raison de la rupture tant il met de la bonne volonté à l'éviter.

Ce qui lui plaît :
    Sentimentalement : La force de vivre des autres.
    Sexuellement : La vérité sans artifice.

Ce qui lui déplaît :
    Sentimentalement : La crainte
    Sexuellement : Le manque de profondeur morale dans les relations.

À faire pour être aimé de lui : Prendre soin de lui tout en lui laissant l'impression que c'est lui qui prend soin de vous.

À ne jamais lui faire : Manquer de temps pour l'amour.

L'homme natif du Capricorne s'impose surtout dans les moments de difficulté et au moment où tout est sur le point de se terminer.

La femme native du Capricorne vit souvent son adolescence à un âge avancé. Elle a besoin de vibrer dans la maturité, plus que jamais, sans cela tout lui semble terne.

Face à la société, les natifs du Capricorne se préoccupent de leur ascension et peuvent parfois lui sacrifier leurs émotions. Ils savent attendre et ont souvent raison de le faire. La pire des souffrances qu'ils puissent éprouver est d'être aimés trop tard.

LES ASCENDANTS DU NATIF DU CAPRICORNE ET LEUR INFLUENCE SUR LES PLANS SENTIMENTAL ET SEXUEL

Capricorne ascendant Bélier : Très grande force de caractère et besoin d'indépendance. Capacité de vivre sa sexualité d'une façon très déterminée, sans fausse pudeur et sans fausse sentimentalité. Peut parfois passer pour un dieu aux yeux des autres.

Capricorne ascendant Taureau : Capacité très forte de connaître beaucoup de plaisirs physiques. Ne se complique pas la vie. Va directement au but en tout. Incapable de rester dans des situations malsaines.

Capricorne ascendant Gémeaux : Intellectuellement très près des autres. Besoin d'être toujours là, au bon endroit. Sensualité qui n'est pas mélangée à la sexualité.

Capricorne ascendant Cancer : Besoin de tendresse qui est subordonné à son besoin de fierté. La souffrance ne paraît jamais en lui et peu de gens s'en aperçoivent. Il est prédisposé à consoler les autres.

Capricorne ascendant Lion : Besoin de vivre une très belle vie sexuelle en fonction de l'opinion qu'il se fait de lui-même. Sa sensualité est subordonnée à sa sexualité. Horreur de perdre son temps. Besoin parfois brutal de franchise.

Capricorne ascendant Vierge : Charme, sport et tout ce qui tient du hasard. Chance parfois mal utilisée, car la froideur et l'indifférence apparentes peuvent la gâcher. Peur de souffrir qui entraîne l'isolement. Sensualité soumise à la raison.

Capricorne ascendant Balance : Besoin de plaire, mais sans coquetterie. Peur de la vanité et peur de se faire prendre dans le piège de l'amour facile. Sexualité subordonnée à sa sensualité.

Capricorne ascendant Scorpion : Grande connaissance de son corps et de celui des autres. Sait exactement ce qui doit être vécu. Grande capacité d'amour.

Capricorne ascendant Sagittaire : Besoin de vivre pleinement plusieurs situations mais, en même temps, crainte paralysante de souffrir. Possibilité intense de vie à deux qui peut être heureuse.

Capricorne ascendant Capricorne : Toute son énergie sentimentale et sexuelle est fixée sur un seul être pour la vie. Sensualité et sexualité rares qui créent des situations impérissables dans la mémoire.

Capricorne ascendant Verseau : Besoin constant de sécurité et goût de vivre intensément, deux tendances opposées qui entraînent la confusion. Très fort sentiment d'impuissance face à la souffrance des autres et besoin de lutter pour l'ennoblir. Sensualité liée à des états d'âmes très spéciaux.

Capricorne ascendant Poissons : C'est la force de l'âme qui vit et qui meurt dans un court laps de temps. Grande sensation de vie et de mort. Connaissance des choses secrètes qui gouvernent l'univers à travers sa sensualité et sa sexualité.

LE SIGNE DU CAPRICORNE AVEC LES AUTRES SIGNES ET SES POSSIBILITÉS D'ENTENTE SUR LES PLANS SENTIMENTAL ET SEXUEL

Capricorne avec Bélier : Ils ont besoin de se respecter en raison de leur force respective. Ils ne tolèrent pas qu'on empiète sur leur intimité. Sexualité franche et sans détour.

Capricorne avec Taureau : Ils aiment faire bonne chère, l'espace, le temps de vivre, la vie à deux et la fidélité. Sensualité axée sur le désir de reproduction.

Capricorne avec Gémeaux : Ils sont opposés mais, de ce fait, ils s'apportent beaucoup mutuellement. Le Capricorne a l'impression de mettre du plomb dans la tête de son conjoint et le Gémeaux a l'impression de lui faire découvrir la vie. Sexualité qui, au départ, est très bonne et qui peut durer des années.

Capricorne avec Cancer : Émotivité à fleur de peau ; ils s'aiment, mais se heurtent aux choses matérielles. Ils prennent souvent à tour de rôle la responsabilité du maintien de la maison. Sensualité qui a besoin d'être comprise ou, du moins, d'être acceptée, car ils ont des besoins différents, bien qu'ils s'attirent.

Capricorne avec Lion : Ils sont tous les deux rois et maîtres dans leurs biens et leur vie. Ils ne tolèrent pas que l'on vienne perturber leur vie. Leur sexualité peut très bien se rencontrer et cela peut durer toute la vie, ce qui semble incompréhensible aux yeux des autres. Sexualité forte et franche.

Capricorne avec Vierge : Tout peut marcher très bien, mais la monotonie et la routine peuvent venir trop vite dans leur union. Ils ont besoin de sécurité et se contentent cependant de celle qu'ils ont. Sexualité qui prend de la force avec le temps.

Capricorne avec Balance : Ils s'aiment, mais, inévitablement, ils se font souffrir, car ils n'ont pas du tout les mêmes besoins. Ils n'ont pas, surtout, la même notion de la fidélité. Crainte constante de s'éloigner l'un de l'autre.

Sexualité fougueuse et prompte, même sous de calmes apparences.

Capricorne avec Scorpion : S'ils dépassent une certaine froideur et une certaine gêne intérieure, ils peuvent vivre des passions extraordinaires, bien que cela se fasse dans une sorte de détachement. Ils s'entendent et ils n'ont pas peur des coups du sort ; ils vont même jusqu'à les provoquer.

Capricorne avec Sagittaire : Peuvent tout rater à cause de leur besoin de sécurité. Ils peuvent très bien s'entendre si leurs amours sont animées d'un idéal commun.

Capricorne avec Capricorne : Besoin d'une maison éloignée pour se protéger des souffrances et des peurs. Belle sexualité qui prend toute sa mesure avec l'expérience et le temps.

Capricorne avec Verseau : Ils sont très près l'un de l'autre, mais n'ont pas du tout la même notion de l'intimité. Ils peuvent s'entendre si l'un accorde à l'autre la liberté qu'il demande et si l'autre accorde au premier l'affection constante qui lui est nécessaire. Sexualité intérieurement explosive.

Capricorne avec Poissons : Aucun des deux n'a à se plaindre, ni à souffrir. Voilà pourquoi les choses prennent tant de temps à se régler et que tout est si lourd et si complexe. Toutefois, possibilité d'une grande entente avec le temps.

CHAPITRE 11

AMOUR ET SEXUALITÉ CHEZ LE NATIF DU VERSEAU

Le signe du Verseau est dominé par Uranus. Le natif du Verseau est apte à comprendre les revendications de justice et de fierté des autres. Le respect d'autrui est une valeur fondamentale dans sa vie.

Son moi profond : Tend vers ce qui est excentrique et inaccessible.

Sa sentimentalité : Très complexe en ce qu'elle embrasse l'universel et s'exalte tout en demeurant détachée.

Sa sexualité : Libre comme l'air. Il comprend et accepte facilement la nouveauté. Il a besoin de connaître des êtres différents. Sa fidélité est toujours comme le résultat d'un choix conscient.

Sentimentalité et sexualité liées : Il comprend l'univers à travers l'expérience de la vie.

Sentimentalité et sexualité séparées : La passion dégénère vite en amitié. Il ne veut pas que son union l'empêche de connaître d'autres personnes.

Sa sensualité : Celle de l'infini.
Son ciel sur terre : Travailler à des entreprises surhumaines.

Son enfer sur terre : Ne pas être au centre de la vie, vivre à moitié, avoir l'impression qu'un amour l'abaisse.

Sa servitude : Elle a souvent pour origine les êtres qu'il aime et qui ne l'estiment pas à sa juste valeur. L'esclavage moral et sentimental lui est insupportable, car il contredit sa définition de la liberté.

Son impossible rêve : Presque inexistant en ce qu'il ne vit jamais dans le tangible. Son seul désir de possession est de se rappeler le moment où le bonheur de l'être aimé lui a permis d'échapper à la condition humaine.

Sa sécurité : Savoir qu'il aura la force de vivre ce qu'il veut vivre.

Sa perception de la vie à deux : Communiquer télépathiquement aux quatre coins de la terre avec l'être aimé, mais ne pas avoir à vivre tous les jours avec lui.

Ses peurs : Ne pas être compris de l'être qu'il aime, car cela bloque l'évolution de son affectivité. Être obligé de sacrifier une partie de lui-même pour une seule personne.

Son premier regard : Celui-ci est interrogateur, car il veut comprendre très vite jusqu'où les choses peuvent aller.

Son dernier regard : Fataliste. Il admet qu'il n'est pas donné à tous de s'adapter à son rythme intérieur.

Ce qui lui plaît :

Sentimentalement : La compréhension du dépassement.

Sexuellement : La maturité et le désir de ne pas s'adonner à des drames pour rien.

Ce qui lui déplaît :

Sentimentalement : Que l'on tente de lui faire croire que l'amour terrestre est tout.

Sexuellement : Que l'on s'accroche à lui.

À faire pour être aimé de lui : Ne pas empiéter sur sa liberté.

À ne jamais lui faire : Lui promettre la sécurité car, pour lui, elle est synonyme de mort morale.

L'homme et la femme natifs du Verseau ont le même comportement. La conception de l'amour chez les natifs du Verseau est, avant tout, une conception d'égalité à travers laquelle l'amitié se mêle à la passion. Peu de gens sur terre sont présentement capables de comprendre cette forme de conception sentimentale et sexuelle, mais avec les années qui viendront, cette conception sera de plus en plus répandue et ces gens qui, aujourd'hui, passent pour originaux et vagabonds, seront de plus en plus compris.

LES INFLUENCES DU NATIF DU VERSEAU ET LEUR INFLUENCE SUR LES PLANS SENTIMENTAL ET SEXUEL

Verseau ascendant Bélier : Promptitude en tout. Il sait vite ce qu'il veut. Sa sensualité prend le pas sur sa sexualité. Possibilité de connaître plusieurs vies affectives, sentimentales et sexuelles. Possibilité de connaître également l'univers, car sa sensualité est nerveuse.

Verseau ascendant Taureau : Grande complexité morale, étant donné que sa sensualité est aussi forte que son désir de la dépenser. Complexité psychique face à tout ce qui a rapport aux émotions. Peur d'être possédé mais, en même temps, besoin de posséder l'entourage. Sensualité sporadique.

Verseau ascendant Gémeaux : Il croit en sa bonne étoile, il n'a pas peur de prendre des risques et il se dit que si une personne ne l'aime pas, une autre l'aimera. Sensualité raffinée, à la fine pointe de tout ce qui peut être vécu. Toutefois, il est habité par cette peur de vieillir qui, parfois, le paralyse.

Verseau ascendant Cancer : Grand besoin de créer des actes durables mais, en même temps, peur de la durabilité de ces mêmes actes. Émotivité qui a du mal à contrôler ses impulsions.

Verseau ascendant Lion : Besoin d'être le centre de l'univers. Besoin de dépasser les situations, d'aimer quelqu'un qui le prend en entier, bien qu'il se garde alors une porte de sortie. Dualité entre sa sensualité et son exaltation pour la liberté.

Verseau ascendant Vierge : Grande réceptivité psychique à tout ce qui peut être souffrance et capacité de sacrifier le meilleur de lui-même pour rendre une personne heureuse. Très grande dispersion de l'énergie sentimentale et sexuelle. Sexualité qui se brime et s'exalte avec un rien.

Verseau ascendant Balance : C'est une éclosion de charme, de compréhension et d'universalisme. Possibilité de comprendre tout par son système nerveux, parce que ses nerfs captent tout ce qui passe dans son entourage.

Verseau ascendant Scorpion : Grand besoin de créer un grand amour ou, du moins, un amour illimité et inaccessible aux autres. Sublimation de la peur et de l'angoisse. Sexualité très riche, surtout à l'automne de la vie.

Verseau ascendant Sagittaire : Possibilité de vivre sur plusieurs plans des ondes très différentes, en ce sens qu'il est disponible à tout et a du mal à se contenter d'une seule personne, car il n'est pas très stable. Sexualité facilement excitable, mais dans une dimension universelle.

Verseau ascendant Capricorne : Besoin de toujours remettre au lendemain la décision de s'établir. Besoin de conquérir et de garder sa liberté ; c'est le seul bien qui lui semble valable. Sentiment d'impuissance face à l'usure des sentiments. Compréhension de la douleur dans l'approche des autres.

Verseau ascendant Verseau : Adore aimer dans l'insécurité tout en gardant son système nerveux en alerte.

Verseau ascendant Poissons : Besoin de se tranquilliser. Crainte de faire souffrir les autres. Développe facilement un complexe de culpabilité quand la mauvaise entente règne avec le conjoint.

LE SIGNE DU VERSEAU AVEC LES AUTRES SIGNES ET SES POSSIBILITÉS D'ENTENTE SUR LES PLANS SENTIMENTAL ET SEXUEL

Verseau avec Bélier : Pour réussir, il faut que les choses se fassent au bon moment. Il y a grande compréhension au point de vue de l'amitié, de la passion et de la liberté. Sexualité franche et belle.

Verseau avec Taureau : Le Verseau veut apprendre à l'autre à aller au-dessus de tout et le Taureau veut lui faire comprendre qu'il faut avoir un sens pratique. Sensualité et sexualité qui sont contradictoires mais qui s'attirent.

Verseau avec Gémeaux : Ils ont en commun le bien-être de vivre dans une zone où la lourdeur n'existe pas. La vie mentale a une grande importance dans leur union. Sexualité liée à la vie mentale et aux livres.

Verseau avec Cancer : Le premier désire le monde entier, comme « home » et le second désire avoir, à l'intérieur de son « home », le seul être qu'il aime. Cependant, lorsque ce moment arrive, c'est un moment d'imperfection. Sensualité liée sincèrement au besoin de ce moment.

Verseau avec Lion : Deux mondes totalement en contradiction qui se rencontrent, qui se respectent, qui s'admirent, mais qui ont du mal à s'expliquer. Chacun doit rayonner dans sa sphère. Leur rencontre est fracassante et ne passe pas inaperçue. Sensualité émotionnelle très forte, mais qui a peur de perdre.

Verseau avec Vierge : C'est presque l'impossible, car les inhibitions de l'un vont à l'encontre des désirs de l'autre. Mais, à l'occasion, il y a possibilité de compréhension s'ils renoncent à la facilité et s'ils vont en profondeur. Sensualité qui demande du temps.

Verseau avec Balance : Grand désir de dévotion, d'amour, de dévouement et aussi de juste opposition dans le monde parallèle. Sentiment constant de fierté dans l'intimité. Sensualité liée à la liberté et à l'espace.

Verseau avec Scorpion : Grande attirance morale, grand sentiment de liberté, mais souvent dans le drame et les difficultés. Passion pour la passion.

Verseau avec Sagittaire : Ils ont en commun le goût de ne jamais s'arrêter et de continuer leur route, quels que soient les obstacles. Ils ont horreur de se tourner vers le passé et veulent créer à tout prix un monde où seul le passé qu'ils respectent soit celui qu'ils ont créé. Sensualité sans limites.

Verseau avec Capricorne : Ils ont du mal à se comprendre, mais ils ont en commun le besoin de panser les blessures, l'un pour garder son conjoint et l'autre pour l'aider à aller au-delà de lui-même. Sexualité en dehors de la routine.

Verseau avec Verseau : Extraordinaire, à condition de vivre un continuel dépassement. Aucun des deux ne veut arrêter sa course folle vers la sensualité. Amour très grand dans une réciprocité de liberté et de respect.

Verseau avec Poissons : Ils peuvent s'entendre et s'aimer, mais tous les deux ont une tendance très grande à se fondre dans l'infini et à se faire souffrir. Cependant, ils peuvent jouir d'une très grande compréhension au niveau psychique, mais ni l'un ni l'autre ne veut s'occuper des problèmes matériels de son vis-à-vis. Sensualité axée sur le psychisme plutôt que sur le physique.

CHAPITRE 12

AMOUR ET SEXUALITÉ
CHEZ LE NATIF DES POISSONS

Le signe des Poissons est gouverné par Neptune. Le natif des Poissons a besoin de laisser libre cours à son affectivité la plus débordante et aux intrigues les plus complexes.

Son moi profond : Axé essentiellement sur la vie émotionnelle. Malheureusement, il subit trop l'influence des autres, tant dans une forme de passivité que dans une forme d'attachement.

Sa sentimentalité : Passive plutôt qu'active. Il est souvent placé dans des situations où il a le rôle de la victime ou, du moins, de l'être qui paie très cher de sa personne pour que les choses aillent bien.

Sa sexualité : Souvent teintée de mystères ou d'impressions et d'émotions complexes. Ce qui frappe chez lui au niveau sexuel, c'est que l'on a toujours l'impression qu'il se passe quelque chose, même s'il ne se passe rien.

Sentimentalité et sexualité liées : Cela crée des amours de rêve, des amours extraordinairement belles en ce qu'elles échappent à l'emprise du temps et vont au-delà de ce qui est purement concret.

Sentimentalité et sexualité séparées : Cela engendre un tourment d'amour. Cela peut créer aussi des intrigues dont il est le centre mais dont il se défend constamment d'être l'instigateur.

Sa sensualité : Elle est essentiellement affective en ce sens qu'il aime être compris et aimé. Son corps est très sensible, non seulement au toucher mais au regard des autres. Le moindre regard le transperce ou le subjugue. Il est sensible aux atmosphères plutôt qu'aux faits réels et ressent profondément l'amour et la haine.

Son ciel sur terre : La compréhension totale de l'être aimé sans avoir besoin de parler.

Son enfer sur terre : Se voir devant des obligations concrètes et matérielles, tant sur le plan sentimental que sexuel.

Sa servitude : C'est souvent l'amour même, tant il comprend la souffrance et se met à la place des autres. Sa compassion le dessert souvent.

Son impossible rêve : Une communion sentimentale, sexuelle et psychique totale avec son conjoint.

Sa possessivité : Il n'aime pas posséder, mais adore être possédé. Souvent, un être né sous le signe des Poissons aimera, dans la mesure où il sent qu'il appartient à quelqu'un.

Sa sécurité : Le silence qui dit tout.

Sa perception de la vie à deux : La tranquillité dans la certitude d'être aimé au-delà des apparences et des heurts de la vie.

Ses peurs : Qu'on se serve de lui seulement pour l'aide qu'il peut apporter. Il a toujours peur d'être distrait, car son royaume est essentiellement fait d'émotions intérieures. Il n'aime pas être obligé de l'expliquer. Peu de gens peuvent comprendre ça.

Son premier regard : Un regard de l'au-delà. Il va au-delà des apparences et même de ce qui est caché. Il est difficile de lui cacher quoi que ce soit. Il sent et aime ce qu'il y a de plus profond chez une personne.

Son dernier regard : Regard de silence. Il n'aime pas être obligé d'expliquer et encore moins d'analyser. Il ressent les choses dans une profondeur insoupçonnable.

Ce qui lui plaît :
    Sentimentalement : Le charme naturel.
    Sexuellement : Le don de soi.

Ce qui lui déplaît :
    Sentimentalement : L'inconscience.
    Sexuellement : Les paroles qui ne riment à rien.

À faire pour être aimé de lui : Ne jamais parler de conquête.

À ne jamais lui faire : L'obliger à expliquer ses émotions.

L'homme natif des Poissons est souvent beaucoup plus grand charmeur qu'il ne le pense, mais il refuse de se faire un tableau de chasse, car les choses extérieures ne l'intéressent pas longtemps. Cependant, ce qui le marque intérieurement le marque pour toujours.

La femme native des Poissons épouse volontiers l'univers et elle a tellement besoin d'aimer que toutes les personnes, en autant qu'elles soient raffinées intérieurement, peuvent lui convenir.

L'homme et la femme natifs des Poissons sont des êtres qui ont besoin de rayonner intérieurement et qui, souvent, ont des amours incompatibles avec leur milieu social ou avec la vision de la vie que leur famille voulait leur inculquer.

LES ASCENDANTS DU NATIF DU POISSONS ET LEUR INFLUENCE SUR LES PLANS SENTIMENTAL ET SEXUEL

Poissons ascendant Bélier : Possibilité de tout comprendre. Il n'attache pas une grande importance à ce que les autres disent ; seul ce qu'il ressent est important. Sensualité spirituelle.

Poissons ascendant Taureau : Prédisposé à vivre avec les êtres qui lui ressemblent. Sensualité et sexualité très belles et besoin de l'être aimé.

Poissons ascendant Gémeaux : Sentimentalité spirituelle qui, parfois, sera froide et qui, souvent, passe par des phases d'ascétisme.

Poissons ascendant Cancer : Besoin d'aimer et d'être aimé à l'infini, mais dans la perfection et l'idéalisme. Grande compréhension des autres. Sensualité sentimentale.

Poissons ascendant Lion : Besoin d'exercer sur les autres un magnétisme et une ferveur que rien n'égale et besoin de se fondre aux autres tout en préservant sa vie intérieure. Ces deux besoins sont contradictoires et, parfois, sa sexualité en souffre.

Poissons ascendant Vierge : Besoin d'aller au-delà des mesquineries de la vie mais, en même temps, peur d'en souffrir. Sentiment de solitude, même dans la vie à deux. Sexualité complexe.

Poissons ascendant Balance : Bonheur possible, mais dans des complications qu'il crée malgré lui. Besoin d'être à la fine pointe de tout ce qui se vit. Peur de ne pas avoir exploré tous les sentiments humains avant de mourir. Sexualité très raffinée.

Poissons ascendant Scorpion : Compréhension de tout ce qui touche la vie physique et sexuelle. Sa sexualité et sa sensualité sont vite dépassées et n'intéressent pas longtemps, à moins que l'on y trouve une transfiguration ou une damnation.

Poissons ascendant Sagittaire : Sentiment constant qu'ailleurs il existe quelque chose que l'on ne connaisse pas sur terre ; nostalgie d'un au-delà. Sexualité investigatrice.

Poissons ascendant Capricorne : Immensité d'âme qui se contracte. Peur de souffrir. Sentiment très grand de son identité et de son intimité.

Poissons ascendant Verseau : Peur d'appartenir à quelqu'un et, en même temps, besoin d'être sûr qu'il est aimé. Sensualité cosmique, universelle, qui prend le pas sur la sensualité purement physique.

Poissons ascendant Poissons : Difficulté de savoir ce qu'il veut. Compréhension totale de son entourage. Sensualité qui est constamment à l'écoute du besoin des autres, dans une forme de rencontres et d'échanges intérieurs qui passent par le cœur.

LE SIGNE DES POISSONS AVEC LES AUTRES SIGNES ET SES POSSIBILITÉS D'ENTENTE SUR LES PLANS SENTIMENTAL ET SEXUEL

Poissons avec Bélier : Cela est très difficile parce que le Bélier est impulsif, tandis que le natif des Poissons vit dans un ailleurs mystérieux. Cependant, ils peuvent se comprendre en ce qui concerne la sexualité, car ils s'apportent des ondes extrêmes de deux mondes.

Poissons avec Taureau : En ce qui concerne la sensualité, ils créent le bonheur. Mais le premier laisse toujours l'impression qu'il est attendu ailleurs, ce que l'autre ne peut supporter.

Poissons avec Gémeaux : Le natif des Poissons est toute indulgence et tout raffinement avec le natif des Gémeaux, mais ce dernier le fatigue par son babillage et son besoin d'explications logiques.

Poissons avec Cancer : Ils peuvent très bien s'entendre, ouvrir leur cœur à l'univers, car ils ne s'appartiennent pas. Couple très fécond physiquement et moralement.

Poissons avec Lion : S'ils s'acceptent mutuellement et oublient certaines de leurs divergences, ils seront unis pour la vie. Ils ne s'intéressent qu'à eux ; ils forment une île déserte et ils ont bien raison. Peu de gens peuvent les comprendre.

Poissons avec Vierge : Union très complexe, car leurs besoins sont totalement opposés et leur âme est à l'écoute d'un autre monde visible. La sagesse et la tendresse les guident intelligemment. Leur susceptibilité se répercute dans leur sexualité.

Poissons avec Balance : Ils sont d'humeur à savoir exactement ce qu'ils veulent et, souvent, ils passent à côté du grand bonheur ou d'un grand gouffre, parce que le simple désir leur suffit et parce qu'ils se passent de la possession. Sensualité très hystérique. Sexualité rare, mais parfaite.

Poissons avec Scorpion : Ils se complaisent dans la complexité et sont incompris des gens de leur entourage qui ne voient que futilité dans leurs complications. Sexualité concentrée au début de la rencontre.

Poissons avec Sagittaire : Ils peuvent très bien s'entendre sensuellement et sexuellement mais à la condition que la routine ne les écrase pas. Ils ont essentiellement besoin de savoir que demain quelque chose de nouveau arrivera. Ils usent très vite leurs émotions. Très belle sensualité qui passe souvent par des chemins difficiles.

Poissons avec Capricorne : Il y a souvent complexité morale, parce qu'aucun des deux n'est capable d'exprimer facilement ses désirs ou ses souffrances. Cependant, si ce blocage cesse, le bonheur dans la tranquillité et dans la paix peut régner. Le Capricorne a peur de ce bonheur et s'éloigne un peu de l'autre ; le natif des Poissons aime à l'infini, mais il a peur que le Capricorne juge cet amour comme étant une faiblesse.

Poissons avec Verseau : S'ils vivent dans le rêve et la fantaisie, tout est parfait mais, dans une situation trop concrète et trop logique, ils paniquent. Sexualité liée aux émotions et à la connaissance.

Poissons avec Poissons : Ils peuvent s'entendre, car ils ont l'âme ouverte. Cependant, ni l'un ni l'autre ne veut endosser la responsabilité de ses actes. Sexualité qui touche l'universalisme.

DEUXIÈME PARTIE

CHAPITRE 13

VOS DOMINANTES

Dans son travail, l'astrologue utilise les douze signes du zodiaque, les ascendants, mais aussi ce qu'il est convenu d'appeler la dominante planétaire. Déterminer la dominante, c'est tout simplement déterminer quelle planète exerce une influence prépondérante sur une personne. C'est une sorte de complément du signe et de l'ascendant qui permet de découvrir certaines caractéristiques. Pour l'astrologue averti, la dominante planétaire est très aisément visible dans la carte du ciel. Pour le profane, il suffit de connaître les différentes caractéristiques que confère chaque planète. À partir de cette connaissance, qu'il pourra acquérir en parcourant les chapitres que j'ai consacrés aux planètes, il lui sera aisé de découvrir la dominante des gens qu'il connaît, ses possibilités d'entente avec eux, ses affinités sur les plans émotif et sexuel. Il lui sera facile de comprendre comment une personne dont la dominante est Vénus et qui, par conséquent, recherche toujours l'amour, s'entendra avec une personne à dominante Uranus qui recherche l'originalité. Il pourra également découvrir quelle sorte d'union résultera de leur rencontre et aussi les possibilités de liaison d'un natif de tel signe avec un être qui est sous telle dominante planétaire.

La connaissance du signe de la dominante permet de déterminer la composante astrale d'une personne et aide à comprendre dans quel sens sa vie est orientée.

COMMENT RECONNAÎTRE
VOTRE DOMINANTE PLANÉTAIRE
ET CELLE DES GENS QUE VOUS AIMEZ

Vous êtes de la dominante Soleil :
• Si vous recherchez la dignité ;
• Si vous aimez la fierté ;
• Si vous aimez la rectitude morale ;
• Si vous exigez des autres l'honnêteté ;
• Si vous aimez apporter la grandeur ;
• Si vous pardonnez difficilement une
  blessure à votre amour-propre.

Vous êtes de la dominante Lune :
• Si vous êtes émotif ;
• Si, pour vous, la chose la plus importante est l'adaptation ;
• Si vous aimez protéger les autres et recevoir de la gratitude ;
• Si vous pardonnez difficilement la froideur.

Vous êtes de la dominante Mercure :
• Si l'intelligence vous semble être la chose la plus importante ;
• Si la connaissance est pour vous très importante ;
• Si vous aimez la compréhension morale
• Si vos relations sont axées sur la subtilité intellectuelle et
  sur votre désir de démontrer une évolution mentale ;
• Si vous pardonnez difficilement la bêtise.

Vous êtes de la dominante Vénus :
• Si l'essentiel de votre vie est axé sur la sensualité et sur la
  recherche de l'amour ;
• Si la beauté vous paraît importante ;
• Si l'amour est capital dans vos relations ;
• Si, avec les autres, vous vous attendez à être aimé et à
  prodiguer votre affection ;

• Si vous pardonnez difficilement la lâcheté avec laquelle on vous a traité.

Vous êtes de la dominante Mars :
• Si vous combattez pour la vie ;
• Si vous jugez que gagner est important ;
• Si vous cherchez à accroître davantage votre force ;
• Si vous souhaitez dominer ;
• Si vous pardonnez difficilement la traîtrise.

Vous êtes de la dominante Jupiter :
• Si vous situez davantage votre vie dans le monde visible de la gloire et des apparences ;
• Si vous êtes porté à l'exagération ;
• Si vous aimez comprendre les mécanismes de la vie et leur utilisation ;
• Si, dans vos relations, vous désirez de l'aide et la chance qu'elle procure ;
• Si vous tolérez difficilement le manque d'ambition.

Vous êtes de la dominante Saturne :
• Si votre vie est vécue intérieurement ;
• Si vous aimez vous dépouiller de tout ;
• Si vous désirez qu'on vous fasse confiance ;
• Si vous voulez trouver la paix en apportant des idées moralement solides ;
• Si vous pardonnez difficilement la frivolité.

Vous êtes de la dominante Uranus :
• Si votre vie est axée sur les expériences vécues ;
• Si vous êtes un original ;
• Si vous aimez aller toujours plus loin dans vos expériences ;
• Si vous cherchez la liberté à travers vos relations et souhaitez leur apporter une ouverture d'esprit ;

• Si vous pardonnez difficilement l'incapacité de grandir et de se développer.

Vous êtes de la dominante Neptune :
• Si vous êtes subtil ;
• Si vous ne jugez jamais les autres ;
• Si vous comprenez les choses et leur accordez une grande importance ;
• Si, dans vos relations, vous vous attendez à une compréhension morale et si vous désirez un élèvement de niveau de conscience ;
• Si vous pardonnez difficilement les limitations.

Vous êtes de la dominante Pluton :
• Si vous recherchez la vie après la mort ;
• Si vous attachez peu d'importance au monde visible mais que vous tenez comme importante la passion physique ;
• Si vous vibrez intérieurement ;
• Si vous aimez la passion ;
• Si vous pardonnez difficilement la fuite devant la passion.

CHAPITRE 14

DOMINANTE SOLEIL

L'être dominé par le Soleil est essentiellement généreux. Il aime vivre ses amours au grand jour ; il a horreur des secrets, car il déteste l'ombre. Il n'aime, d'aucune façon, la vulgarité et encore moins le calcul, sous quelle que forme que ce soit.

Son moi profond : Lié au besoin d'aimer royalement en ce sens que ce qu'il aime mérite d'être aimé et admiré. Cette admiration est le principal moteur de ses rapports avec les autres.

Sa sentimentalité : Elle passe essentiellement par la générosité, mais il n'aime pas la mièvrerie. Il a besoin d'une sentimentalité ouverte. Il ne craint pas d'identifier ce qu'il aime.

Sa sexualité : Il a besoin d'une sexualité rayonnante. Être heureux ou malheureux est déterminant pour lui. Cependant, il évite les intrigues.

Sentimentalité et sexualité liées : Sa personnalité physique et psychique charme et donne un moment extraordinaire à ceux qui vivent près de lui.

Sentimentalité et sexualité séparées : Il devient facilement séducteur froid et se moque du mal qu'il peut faire aux autres.

Sa sensualité : Tout ce qui brille, tout ce qui est beau l'enivre et le porte au paroxysme. Il lui faut une sensualité axée sur la beauté.

Son ciel sur terre : L'amour fou.

Son enfer sur terre : Les petits tests de la vie, la méfiance et la stupidité humaine.

Sa servitude : La peur de la servitude. Cette peur est la pire des servitudes pour lui. Il est prêt à tout pour n'être jamais servile.

Son impossible rêve : Rayonner sur l'univers et transformer l'énergie affective du monde et un lien cosmique de création et de bonheur.

Sa possessivité : Elle peut aller jusqu'à la tyrannie, car il ne tolère pas qu'on le compare et encore moins qu'on l'aime moins qu'un autre.

Sa sécurité : Régner.

Sa perception de la vie à deux : Tout donner, tout recevoir.

Ses peurs : Être détrôné ou, du moins, ne pas être aimé à sa juste mesure.

Son premier regard : Un regard d'amour.

Son dernier regard : Haineux, s'il est perdant ; d'indifférence, si c'est lui qui part. Sa haine ne dure pas car il n'a pas de temps à perdre.

Ce qui lui plaît :
  Sentimentalement : La grandeur d'âme.
  Sexuellement : La beauté intérieure.

Ce qui lui déplaît :
  Sentimentalement : La petitesse.
  Sexuellement : La vulgarité.

À faire pour être aimé de lui : S'affirmer.

À ne jamais lui faire : Être insouciant envers lui.

L'homme dominé par le Soleil trouve facilement sa place dans la société, car celle-ci est essentiellement solaire. Il est souvent aimé, mais rencontre rarement quelqu'un à sa mesure.

La femme dominée par le Soleil a souvent des responsabilités masculines ou, dans sa vie amoureuse, un rôle actif. Elle est capable de donner beaucoup, mais ne tolère, d'aucune façon, que l'on doute d'elle ou que l'on diminue son importance dans la société.

L'être dominé par le Soleil est essentiellement un être illimité ; son allure est déterminée et sûre. Il ne montre jamais ses souffrances et aime énormément que l'on change d'habitudes et que l'on évolue. Il n'aime que ce qui est évolutif.

Dominante Soleil avec dominante Soleil : Les deux veulent briller ; les deux seront maîtres au sein du royaume. Possibilité d'entente sentimentale et sexuelle exaltante, mais à condition qu'il n'y ait pas de conflit d'intérêts. Aucun des deux, cependant, ne peut subir d'humiliation.

Dominante Soleil avec dominante Lune : Attirance très grande, mais danger de conflit dans la vision et la perception des choses. La dominante Soleil accorde trop d'importance à tout ce qui se voit et la Lune, à ce qui change.

Dominante Soleil avec dominante Mercure : Attirance extraordinaire en ce qui concerne l'intelligence, mais à condition qu'aucun n'ait à obéir à l'autre. Tous les deux ont le sens de l'aventure. Sexualité animée de surprises.

Dominante Soleil avec dominante Vénus : Entente parfaite au niveau sexuel, mais difficulté en ce qui concerne la responsabilité. La dominante Soleil peut se lasser de la personne à dominante Vénus.

Dominante Soleil avec dominante Mars : Conflit d'autorité, car ni l'un ni l'autre ne veut se soumettre. Vie sexuelle intense. Besoin de vivre rapidement.

Dominante Soleil avec dominante Jupiter : Amour des situations peu communes et besoin d'être vu et de faire parler de soi. Couple à scandale qui ne tolère pas la monotonie.

Dominante Soleil avec dominante Saturne : Risque de se faire du mal inutilement par besoin de contradiction. Sens des valeurs tout à fait opposé.

Dominante Soleil avec dominante Uranus : Séduction inconsciente et toujours remise en question. Vie exaltante axée sur le système nerveux.

Dominante Soleil avec dominante Neptune : Une vie réelle dans un décor non compliqué et non fabriqué. Goût de mystifier l'entourage par l'absence d'acte concret. Le silence joue un grand rôle dans cette relation. Sexualité mêlée de mystère.

Dominante Soleil avec dominante Pluton : Le début et la fin des choses, la passion la plus noble, mais aussi la plus déchirante.

Le Soleil apporte toujours un sens de l'exaltation au moindre geste posé; rien n'est indifférent et tout prend une tournure affective dans un rayonnement ou dans l'égoïsme. Dans leur approche avec les autres, les gens à dominante Soleil apportent toujours la révélation d'un rayonnement et d'une plénitude. Leur présence est marquante.

LIAISON DU SIGNE ASTROLOGIQUE DE NAISSANCE AVEC LA DOMINANTE SOLEIL

Bélier dominante Soleil : Vie affective extrêmement riche. Sexualité présente qui a besoin de beauté et d'enrichissement. Générosité ardente et désir d'aimer infiniment.

Taureau dominante Soleil : Possibilité d'acquérir, tout au long de la vie, des richesses matérielles ou affectives immenses. Besoin de sécurité et de protéger ceux qu'il aime. Sens de la fidélité dans l'honneur.

Gémeaux dominante Soleil : Le moi intellectuel extérieur joue beaucoup. Séduction par l'intelligence. Sexualité qui n'est jamais terne.

Cancer dominante Soleil : Tendance à protéger les gens qu'il aime. Omniprésence des souvenirs. Grand attachement au père tel qu'il était durant son enfance.

Lion dominante Soleil : Maître dans son royaume. Sentiment intense de son moi. Haine des blessures d'amour-propre.

Vierge dominante Soleil : Place la sentimentalité au-dessous de l'intelligence. Sentiment omniprésent de soi-même et des autres. Sentimentalité axée sur la perfection.

Balance dominante Soleil : Recherche de l'esthétisme. Recherche de la perfection dans l'art d'aimer. Souvent, le besoin d'être aimé domine tout.

Scorpion dominante Soleil : Besoin de transfigurer et de transposer la mort dans la réussite de la vie. Vie sexuelle qui sait imposer sa royauté ou son absence. Conscience des limites de l'être.

Sagittaire dominante Soleil : Besoin d'aller le plus loin possible dans la possession de lui-même et des autres, à travers les épreuves et les joies. Besoin d'un idéal très haut placé. Préfère ne pas être aimé plutôt que d'être aimé de gens médiocres.

Capricorne dominante Soleil : Besoin d'aller très loin dans la recherche de son moi. Capable de dévouement.

Verseau dominante Soleil : Renverse les valeurs pendant toute sa vie. Ne donne de l'importance qu'à ce qui est vécu profondément. Grandeur dans l'approche des autres au niveau affectif.

Poissons dominante Soleil : Besoin de rayonner sur tout ce qui est intérieur. Besoin de sentir les autres à travers leur chair et leur âme. Sentiment omniprésent de la fuite du temps.

CHAPITRE 15

DOMINANTE LUNE

L'être dominé par la Lune accorde une grande importance aux émotions, à la fantaisie et aux changements.

Son moi profond : Il a horreur de la monotonie car, pour lui, tout ce qui est semblable à lui-même est sans intérêt. La spontanéité de l'enfance le suit toute sa vie. Sur les plans sentimental et sexuel, sa naïveté peut lui coûter cher.

Sa sentimentalité : Essentiellement basée sur un besoin d'aimer, car il croit toujours que tout changera pour le mieux. Capacité extraordinaire de passer vite d'une émotion à une autre.

Sa sexualité : Essentiellement axée sur l'idée de fécondité, qu'elle soit physique, morale ou intellectuelle. Il a besoin de plusieurs formes d'émotions dans une même journée et cela peut le conduire à une frivolité apparente.

Sentimentalité et sexualité liées : C'est un être qui répand le bonheur autour de lui, surtout au foyer.

Sentimentalité et sexualité séparées : Il cherche l'ombre idéale, mais ne la trouve jamais et il se crée beaucoup de problèmes à cause de cela. Il est essentiellement nomade au point de vue émotionnel.

Sa sensualité : Essentiellement axée sur le bien-être, sur la couleur et le mouvement. Il a besoin d'un univers qui change ou, du moins, qui se transforme constamment.

Son ciel sur terre : Une fatalité dans laquelle la fantaisie est absente au nom de la rigueur morale.

Son enfer sur terre : Une fatalité dans laquelle la fantaisie est absente au nom de la rigueur morale.

Sa servitude : Un trop grand sentiment maternel ou paternel.

Son impossible rêve : Protéger ou être protégé en permanence de tout ce qui est agressif.

Sa possessivité : Elle est très subtile car, sous des apparences de non-possession, il possède par amour. Cela peut devenir chronique et souvent, malheureusement, cela implique des relations complètement infantiles.

Sa sécurité : Peu de choses le sécurisent, car il est essentiellement changeant. Toutefois, la maison, la félicité et la beauté lui sont essentielles.

Sa perception de la vie à deux : Créer dans un ordre fixe des choses qui, elles, n'auront pas de fixité.

Ses peurs : Qu'on lui enlève les êtres qu'il aime, être séparé de ses enfants, être séparé brutalement du monde de son enfance.

Son premier regard : Essentiellement émotif. Il ne vit que le moment émotif et attend trop souvent que les autres fassent le premier pas.

Son dernier regard : Perplexe. Il a toujours besoin de savoir pourquoi les choses n'ont pas marché, mais ne veut jamais s'attribuer la faute.

Ce qui lui plaît :
    Sentimentalement : La grande capacité de fantaisie chez les autres.
    Sexuellement : La sécurité dans la sexualité.

Ce qui lui déplaît :
    Sentimentalement : La peur maladive de la monotonie.
    Sexuellement : Avoir à prouver une capacité sexuelle.

À faire pour être aimé de lui : Respecter son enfance.

À ne jamais lui faire : Lui imposer des lois strictes.

L'homme dominé par la Lune semble heureux. Son optimisme passe vite à la déception.

La femme dominée par la Lune est très facile à aborder, mais elle ne vit essentiellement que dans le présent ou le passé. On ne peut rien promettre pour son avenir. C'est un être essentiellement bon qui a besoin d'aimer et de rendre son entourage heureux.

Chez la personne dominée par la Lune, la maternité ou la paternité est primordiale et accapare souvent toutes les énergies au détriment de la vie sentimentale et sexuelle.

ENTENTE POSSIBLE DES GENS À DOMINANTE LUNE AVEC LES GENS QUI ONT D'AUTRES DOMINANTES PLANÉTAIRES

Dominante Lune avec dominante Soleil : Besoin de lier les choses qui sont opposées et dont l'union est nécessaire pour créer l'harmonie. Discussion sans fin pour savoir ce qui est important. Ces deux personnes peuvent s'apporter beaucoup mais doivent avoir une dose d'humilité pour reconnaître leur rôle et leur limite, sans quoi, c'est la chicane perpétuelle.

Dominante Lune avec dominante Lune : Le rêve à l'infini et déménagements sans fin. Famille nombreuse.

Dominante Lune avec dominante Mercure : Besoin de se déplacer et de vivre une vie un peu irréelle. Sens des responsabilités. Amour intense de la jeunesse.

Dominante Lune avec dominante Vénus : Couple où la beauté est essentielle et doit durer. Couple dont l'intérêt est centré sur les enfants.

Dominante Lune avec dominante Mars : Ils s'aiment mais se chicanent. Tout surexcite et tout porte à la passion. Déménagements fréquents.

Dominante Lune avec dominante Jupiter : Ils veulent se manifester à tous les niveaux et cela entraîne une certaine dispersion. Vie sexuelle mesurée, axée sur l'avenir.

Dominante Lune avec dominante Saturne : Ils tentent de se faire du mal, mais ressentent le besoin de trouver ce qui pourrait les rendre heureux. Écoute attentive de l'autre, mais le langage de l'amour est différent chez l'un et chez l'autre.

Dominante Lune avec dominante Uranus : C'est une belle union, à condition qu'ils ne s'arrêtent jamais pour rechercher la sécurité. Possibilité de dépassement dans tout, mais ils ne peuvent se dépasser l'un l'autre au niveau matériel.

Dominante Lune avec dominante Neptune : Tout est vécu dans une dimension d'irréel et de psychisme, plus que dans la dimension matérielle. Peur des réalités pratiques comme les questions d'argent.

Dominante Lune avec dominante Pluton : Besoin de créer un univers au-delà de la mort et de la souffrance. Amour très grand de tout ce qui est basé sur la sexualité et le dépassement.

Les gens à dominante Lune ont besoin d'un petit monde qui soit bien à eux. Ou bien les autres comprennent et s'adaptent à leur monde ou alors, c'est la mésentente. Conscience que les souffrances en amour entraînent le renouveau mais qu'elles peuvent aussi rendre moralement las.

LIAISON DU SIGNE ASTROLOGIQUE DE NAISSANCE AVEC LA DOMINANTE LUNE

Bélier dominante Lune : Besoin de vivre le moment présent dans la fantaisie et de faire des conquêtes qui n'engagent pas pour la vie. A toujours le cœur jeune. Peur de vieillir.

Taureau dominante Lune : Le goût de vivre, de s'épanouir dans la paix et la maturité. N'aime pas remettre sa vie amoureuse en question ; cela le troublerait profondément. Besoin de se sécuriser par des actes positifs et par la tendresse.

Gémeaux dominante Lune : Besoin de vivre mille émotions à la fois et de se régénérer dans l'expression de ses émotions. Désir très fort de renouvellement, d'où la peur qui l'habite d'être pris toute sa vie dans une même situation. La recherche d'émotions variées est le moteur qui anime sa vie affective.

Cancer dominante Lune : Besoin de protéger les êtres qu'il aime. Ne tolère pas le vieillissement des sentiments. Rêve d'un paradis d'amour où il vivrait dans un état d'éternelle jeunesse.

Lion dominante Lune : Besoin d'imposer sa loi dans les sentiments des autres et de se sentir toujours populaire, même dans les pires situations. Les témoignages d'amour, plus que toute autre chose, l'atteignent facilement. Humeur changeante.

Vierge dominante Lune : Besoin de dompter son monde imaginaire. Extraordinaire intuition sur le plan affectif.

Balance dominante Lune : Peur de se tromper dans le choix de la personne à aimer qui peut le conduire dans des unions sans lendemain et dans l'angoisse. Il aime tout le monde.

Scorpion dominante Lune : Grande intensité émotive qui fait refroidir l'ardeur de certaines gens. Il réchauffe ce qui est terne. Sens du tragique.

Sagittaire dominante Lune : Démesure dans la générosité et l'affection. Il aime tout à la fois et ne comprend pas les limites que tente de lui imposer la société. Il aime les déplacements. Il aime aussi les choses passagères.

Capricorne dominante Lune : Se sent en pleine solitude, même dans l'amour. Il a peur de se blesser, car il garde sa fragilité enfantine toute sa vie. Il craint la froideur des autres, mais il engendre lui-même cette froideur.

Verseau dominante Lune : Il est toujours en train de refaire le monde et se dit que, dans peu de temps, le monde entier sera heureux grâce à l'application de ses idées.

Poissons dominante Lune : Capable de prendre sur lui ce que personne ne peut prendre. Confusion dans ses émotions. Grandeur d'âme, extraordinaire générosité. Se mêle de tout, se mélange à tout, mais il ne comprend rien lorsqu'on lui parle de logique.

CHAPITRE 16

DOMINANTE MERCURE

L'être dominé par Mercure a souvent une sexualité intermittente et n'a pas d'existence extraordinaire.

Son moi profond : Essentiellement axé sur l'intelligence, le besoin de changement et de situations souvent doubles.

Sa sentimentalité : Elle passe nécessairement par la vie mentale et lui est subordonnée.

Sa sexualité : Besoin de changement et de subtilité pour que cette sexualité soit pleinement réussie.

Sentimentalité et sexualité liées : L'intelligence trouve son compte, car cela crée une unité.

Sentimentalité et sexualité séparées : L'intelligence s'amuse à partager l'une ou l'autre dans le temps ou s'amuse à rejeter l'une trop fortement au profit de l'autre.

Sa sensualité : Elle réside essentiellement dans les petites choses et se répand par le bout des doigts et par l'intelligence du regard. Il apprécie énormément l'indulgence chez les gens de son entourage et il ne peut aimer que ce qui est très intelligent. Il a besoin de parler, de discuter, de se créer un monde d'expression illimitée.

Son ciel sur terre : Les discussions sans fin sur des sujets extraordinaires.

Son enfer sur terre : Le silence imposé et l'absence d'explication.

Sa servitude : Son cerveau devient sa servitude, car il veut trop comprendre et empêche ainsi la spontanéité.

Son impossible rêve : Parler toutes les langues pour se faire comprendre universellement sur les plans sentimental et sexuel.

Sa possessivité : Essentiellement mentale. C'est sur le plan intellectuel que se situent les plus grandes émotions de sa vie.

Sa sécurité : La complexité de la vie qu'il faut comprendre.

Sa perception de la vie à deux : Une maison dans laquelle il y a plusieurs étages pour ne pas se nuire, mais plusieurs ascenseurs pour se retrouver.

Ses peurs : Ne pas comprendre ce qui se passe dans son cœur et dans son corps.

Son premier regard : Essentiellement scrutateur. Il scrute tout, comprend tout et, dès le premier instant, il a une image de ce que sera la vie avec l'être qu'il vient de connaître. Il lui faut continuellement un défi à relever.

Son dernier regard : Ce dernier regard en est un d'insouciance, car il se dit que la tête aura raison des souffrances de son cœur.

Ce qui lui plaît :
　　Sentimentalement : Que l'être aimé comprenne ses paroles.
　　Sexuellement : Les changements fréquents.

Ce qui lui déplaît :
　　Sentimentalement : La sentimentalité sans exigence.
　　Sexuellement : La lourdeur morale.

À faire pour être aimé de lui : S'adapter à tout.

À ne jamais lui faire : Lui interdire de voir ses anciens amis ou de se déplacer.

L'homme et la femme dominés par Mercure ne sont pas nécessairement sexuels ou, du moins, leur sexualité passe beaucoup par une forme de jeu et souvent ils sont en quête de toutes les innovations possibles en ce domaine, mais, une fois qu'ils les connaissent, ils les abandonnent aussitôt. Ils ont essentiellement besoin d'une jeunesse morale et, toute leur vie, ils gardent le souvenir de leur jeunesse. Leur séduction est essentiellement verbale.

ENTENTE POSSIBLE DES GENS À DOMINANTE MERCURE AVEC LES GENS QUI ONT D'AUTRES DOMINANTES PLANÉTAIRES

Dominante Mercure avec dominante Soleil : Besoin excessif de discuter et de comprendre par la logique et par l'amour. Les explications interminables peuvent finir par les détruire.

Dominante Mercure avec dominante Lune : Sens de l'inédit. Besoin de renouveler sans cesse ce qui est vécu. Sexualité essentiellement axée sur la spontanéité.

Dominante Mercure avec dominante Mercure : Le moment présent est vécu au maximum, mais il y a manque d'instinct dans les choses essentielles de la vie. Difficulté sur le plan matériel.

Dominante Mercure avec dominante Vénus : L'un parle, l'autre écoute. Recherche de l'esthétique.

Dominante mercure avec dominante Mars : Des situations sans fin, solides et sans mauvaise intention, mais qui dégénèrent en difficultés pour les deux. Sexualité sans lendemain.

Dominante Mercure avec dominante Jupiter : Ils aiment la vie aventureuse, à condition de ne pas en payer la note. Peur de perdre leur jeunesse.

Dominante Mercure avec dominante Saturne : Besoin de se sécuriser mutuellement, mais par des chemins contradictoires. Sexualité sporadique.

Dominante mercure avec dominante Uranus : C'est toujours des émotions et une vie mentale nouvelle. Réticence devant la vie trop concrète. Sexualité à la recherche de sensations nouvelles, plutôt dans le sens mental que sensuel.

Dominante Mercure avec dominante Neptune : Ils s'aiment mais ne savent pas se le dire complètement. Peur de se blesser du fait que rien ne se dit, car ils croient se comprendre par le regard.

Dominante Mercure avec dominante Pluton : C'est la recherche de la connaissance par l'amour et la compréhension. Couple qui refait l'histoire du monde par un besoin de compréhension qui dépasse les limites de l'intelligence.

Les gens à dominante Mercure, pour autant que l'on respecte leur intelligence, sont prêts à lier connaissance avec les autres, mais sur un plan plus intellectuel qu'émotif ; ils pensent avant de vibrer.

LIAISON DU SIGNE ASTROLOGIQUE DE NAISSANCE AVEC LA DOMINANTE MERCURE

Bélier dominante Mercure : Coups de tête sur des détails. Vie sentimentale axée sur les coups de foudre.

Taureau dominante Mercure : Besoin de penser sécurité avant tout, de sentiments omniprésents, de vouloir cerner ce que les autres pensent.

Gémeaux dominante Mercure : Frivolité. Besoin de jeunesse. Sentiment constant de la rapidité des choses. Amour des discussions sans fin.

Cancer dominante Mercure : Besoin de protéger, de sécuriser par la parole. Vie affective qui passe essentiellement par les souvenirs. Le souvenir de l'enfance marque toute la vie.

Lion dominante Mercure : Besoin de vibrer par la parole, d'écouter, d'enseigner l'amour ou, du moins, de marquer ceux qu'il aime.

Vierge dominante Mercure : Danger, sur les plans sentimental et sexuel, d'être bloqué par un trop grand besoin d'analyser ce qu'est la moindre émotion. Sentiment constant de la peur et du mensonge chez les autres.

Balance dominante Mercure : Recherche de l'esthétisme et de l'indulgence aux niveaux sexuel et sentimental. N'aime que les gens très raffinés.

Scorpion dominante Mercure : Sexualité essentiellement liée aux expériences spirituelles et intellectuelles de la vie.

Sagittaire dominante Mercure : Besoin de se comprendre. Sentiment et sensualité extrêmement forts. Intuition des choses inaccessibles à la majorité des gens. Attache une grande importance aux lettres et à la communication sous toutes ses formes.

Capricorne dominante Mercure : Peur et blocage qui viennent de l'enfance, peur de ne pas affronter, peur de ne pas être aimé axée sur des choses très délicates. Analyse l'amour qu'il donne aux autres plutôt que celui qu'il reçoit.

Verseau dominante Mercure : C'est l'explosion de l'intelligence. Incapacité d'être stable à long terme. Vie sentimentale et sexuelle axée sur un besoin de connaissance.

Poissons dominante Mercure : Besoin d'analyser ce qui ne s'analyse pas ou, du moins, de s'abandonner au moment où il ne le faut pas. Vie sentimentale et sexuelle en contradiction entre le besoin de comprendre et celui de vivre.

CHAPITRE 17

DOMINANTE VÉNUS

L'être dominé par Vénus a pour véhicule de vie et de chance la beauté et la recherche de l'esthétisme.

Son moi profond : Il a horreur des complications et il aime aussi naturellement qu'il respire.

Sa sentimentalité : C'est le moteur de sa vie. La recherche des émotions et des sentiments est la seule chose qui le captive. En dehors de cela, tout l'ennuie. Il a besoin d'aimer dans la beauté, la démesure et la confiance.

Sa sexualité : Elle est très forte, mais elle a besoin de tendresse et d'affection ; sans cela elle est inexistante.

Sentimentalité et sexualité liées : Cela crée une plénitude extraordinaire et sa beauté en est le témoignage.

Sentimentalité et sexualité séparées : Il court inutilement après mille illusions qui ne le satisfont jamais.

Sa sensualité : C'est une sensualité d'illusions, car il a besoin de croire qu'il sera toujours aimé, qu'il restera toujours beau. Il préfère cette illusion à la tendresse affective. Sa sensualité est extraordinairement belle et a besoin d'être vue pour exister.

Son ciel sur terre : Être aimé.
Son enfer sur terre : Être ignoré.

Sa servitude : C'est son être propre. Il a tellement besoin d'être aimé et de s'en assurer qu'il consacre tout son temps et toute sa vie à son apparence, ce qui peut le faire souffrir. Dès la moindre ride, il panique.

Son impossible rêve : Que l'amour le rende immortel.

Sa possessivité : Il veut à tout prix, et parfois jusqu'à l'obsession, que les êtres qui marquent sa vie soient marqués eux aussi par lui.

Sa sécurité : Être pris en charge.

Sa perception de la vie à deux : Ressentir, vingt-quatre heures par jour, l'affection et l'amour.

Ses peurs : Le vide. Il ne peut supporter, d'aucune façon, le vide à quelque niveau que ce soit.

Son premier regard : Plein de charme. Le charme qu'il dégage a un attrait particulier pour les déplacements amoureux.

Son dernier regard : Un regard de mort. À chaque brisure amoureuse, il songe à mourir, mais la résurrection est très rapide, car sa capacité d'aimer est illimitée.

Ce qui lui plaît :
    Sentimentalement : La tendresse.
    Sexuellement : L'intelligence de la sexualité.

Ce qui lui déplaît :
   Sentimentalement : La froideur.
   Sexuellement : La rapidité.

À faire pour être aimé de lui : Lui consacrer beaucoup de sa personne.

À ne jamais lui faire : Le presser.

L'homme dominé par Vénus est souvent artiste ou a souvent un métier qui le met en contact avec des éléments féminins.

La femme dominée par Vénus a sa place dans la société, mais on s'imagine souvent qu'elle est futile alors que sa présence est nécessaire. Qui vivrait sans beauté ?

Tout dans leur vie est subordonné à l'amour, au besoin d'admiration. Leur sensibilité est à la fois une force et un écueil.

ENTENTE POSSIBLE DES GENS À DOMINANTE VÉNUS AVEC LES GENS QUI ONT D'AUTRES DOMINANTES PLANÉTAIRES

Dominante Vénus avec dominante Soleil : Besoin de vivre dans la paix et dans le dépassement. Sens de la beauté dans la moindre chose. Affection mutuelle que rien ne brise. Sexualité axée sur la tendresse.

Dominante Vénus avec dominante Lune : Besoin de créer des atmosphères raffinées et sens de l'équilibre au niveau affectif. Recherche du raffinement de la féminité.

Dominante Vénus avec dominante Mercure : Recherche de la relation la plus pure entre les êtres. L'intelligence et la sentimentalité liées dans la recherche d'une sexualité souvent avant-gardiste.

Dominante Vénus avec dominante Vénus : Ne se disculpent pas et rêvent d'un monde d'amour. Ils comprennent tout par l'amour. Ils s'aiment et rêvent, pour leur vieillesse, une demeure de tendresse.

Dominante Vénus avec dominante Mars : C'est l'attraction et c'est aussi le sens artistique de la sexualité. Beauté charnelle créée par leur présence respective.

Dominante Vénus avec dominante Jupiter : Besoin de se risquer en tout avec générosité. Peur de souffrir d'un manque de quelque nature que ce soit. Tendresse expansive.

Dominante Vénus avec dominante Saturne : Besoin de s'aimer longtemps de manière particulière. Perte de contrôle assez fréquente, car ils ont du mal à réaliser complètement leur amour. Sexualité axée sur la fidélité.

Dominante Vénus avec dominante Uranus : C'est la victoire sur le hasard et le désir de vivre au maximum. Leur sentimentalité peut être absente, ce qui n'empêche pas leur relation d'être très intéressante.

Dominante Vénus avec dominante Neptune : C'est la recherche d'un amour parfait, sans bavure. Peur de se heurter dans la vie.

Dominante Vénus avec dominante Pluton : Besoin d'aimer dans la transfiguration mutuelle et le dépassement de la beauté humaine.

LIAISON DU SIGNE ASTROLOGIQUE DE NAISSANCE AVEC LA DOMINANTE VÉNUS

Bélier dominante Vénus : Il a continuellement dans la tête l'idée de la beauté. Sens de l'esthétisme. Sexualité reliée au regard.

Taureau dominante Vénus : Besoin d'aimer et d'être aimé dans une liaison affective sans limites. Sens développé du toucher. Sensualité axée sur la tendresse et la durabilité.

Gémeaux dominante Vénus : Besoin d'aimer plusieurs per-sonnes à la fois. Peur de ne pas tout vivre dans la même vie.

Cancer dominante Vénus : Besoin de décorer et d'embellir partout. Sentiment constant de la fragilité des êtres et des choses. Conscient de la protection qu'il doit donner ou recevoir des autres.

Lion dominante Vénus : Pour lui, tout ce qui est superbe est intéressant ; en dehors de cela, tout est ennuyeux. Sexualité axée sur la perfection charnelle.

Vierge dominante Vénus : Besoin de donner et de recevoir. Retenues par peur de la souffrance et de lui-même.

Balance dominante Vénus : C'est l'amour le plus pur, le plus total et le dépassement des choses vécues. C'est l'esthétisme le plus grand que l'on puisse trouver.

Scorpion dominante Vénus : Cela peut donner la beauté liée à une destinée peu commune. Vie sexuelle unie à la sen-timentalité et à la tendresse. Il apporte des éléments extrêmes dans la liaison.

Sagittaire dominante Vénus : Besoin de dépasser ce qui est vécu trop simplement. Besoin d'aller le plus loin possible dans l'émotion et le raffinement.

Capricorne dominante Vénus : C'est souvent l'amour le plus total dans la seconde partie de la vie. Conscience, dès l'enfance, du sens de la réalité douloureuse des sentiments. Sentiment de solitude, même lorsqu'il est aimé.

Verseau dominante Vénus : Amour universel et grande élévation morale. Ne peut supporter d'être attaché trop longtemps à la même personne.

Poissons dominante Vénus : Connaissance des souffrances, des limites et des bonheurs des autres. C'est l'amour le plus total, parce qu'il est capable d'abnégation. La générosité de cette personne est souvent exploitée.

CHAPITRE 18

DOMINANTE MARS

L'être dominé par Mars adore conquérir, charmer et aimer et ce, dans une atmosphère de franchise et d'audace.

Son moi profond : A horreur de tout ce qui est lent. Il vit intensément le moment présent. Il a horreur des illusions ; seuls les faits l'intéressent.

Sa sentimentalité : Axée sur la loyauté. Lorsqu'il n'aime plus quelqu'un, il ne se gêne pas pour le dire.

Sa sexualité : Elle est importante pour lui, mais à condition qu'elle soit saine et non sujette aux explications.

Sentimentalité et sexualité liées : Cela crée un équilibre hormonal et émotionnel assez extraordinaire, mais qui est très exigeant envers les autres.

Sentimentalité et sexualité séparées : Cela crée une quête et une course folle à la séduction froide, dénuée de sentiment. Il aime séduire et n'être jamais séduit. Être séduit est, pour lui, une faiblesse.

Sa sensualité : Elle réside dans la vitesse et les fortes vibrations.

Son ciel sur terre : La conquête.

Son enfer sur terre : Avoir un rôle passif dans la vie senti-mentale et sexuelle.

Sa servitude : Son besoin de loyauté. Il en est malade et peut inconsciemment faire souffrir son entourage à force de dire brutalement des choses qui devraient être dites doucement.

Son impossible rêve : Imposer au monde entier, d'une façon généreuse, son idée de force. Prendre sous sa tutelle ceux qu'il aime.

Sa possessivité : Il veut être sûr qu'on l'aime. Il ne tolère aucun abaissement des sentiments.

Sa sécurité : Que l'on s'abandonne à lui.

Sa perception de la vie à deux : Une vie active basée sur une tentation de plus en plus grande d'aimer, d'être aimé et de séduire. Être maître de ceux qu'il aime.

Ses peurs : La tiédeur chez lui et les autres.

Son premier regard : Il est agressif. L'agression est pour lui une forme naturelle d'amour. Il ne tolère pas ce qui n'est pas extrêmement violent ou extrêmement sexuel, non pas qu'il soit dénué de sentiments, mais il n'a pas peur des mots et va droit au but très rapidement.

Son dernier regard : C'est un regard de plomb. Il se dit qu'il reviendra à la charge ou, que de toute façon, on sera obligé de le comprendre. Il ne tolère, d'aucune façon, de perdre.

Ce qui lui plaît :
    Sentimentalement : L'absence de fausse sentimentalité.
    Sexuellement : La sobriété.

Ce qui lui déplaît :
    Sentimentalement : La faiblesse.
    Sexuellement : La fausse séduction.

À faire pour être aimé de lui : Être franc et ne pas avoir peur d'exprimer ses besoins.

À ne jamais lui faire : Le faire vivre dans la sécurité.

L'homme dominé par Mars sépare facilement le cœur du sexe. Il réussit très bien sa vie. Il est valorisé d'une façon extraordinaire par notre société, mais se lasse souvent à tort.

La femme dominée par Mars ne tolère, d'aucune façon, la subjugation ou la soumission, sous quelque forme que ce soit. Elle a besoin de dire ce qu'elle a à faire. La vérité toute nue l'intéresse par-dessus tout.

ENTENTE POSSIBLE DES GENS À DOMINANTE MARS AVEC LES GENS QUI ONT D'AUTRES DOMINANTES PLANÉTAIRES

Dominante Mars avec dominante Soleil : Danger de confrontation d'énergies trop différentes. Franchise sexuelle ou jouissance aiguë de la conquête. Aucun des deux ne veut être conquis ; tous les deux conquièrent à tour de rôle.

Dominante Mars avec dominante Lune : Besoin de créer en commun un centre d'intérêt qui procure une grande satisfaction. Sexualité qui s'épanouit avec le temps.

Dominante Mars avec dominante Mercure : Besoin de tout expliquer ce qui est vécu, ce qui cause une perte d'énergie morale. Sexualité sans lendemain.

Dominante Mars avec dominante Vénus : Besoin de toujours plaire mutuellement et de toujours être à la hauteur.

Dominante Mars avec dominante Mars : Querelles continuelles. Amours extrêmes. Ne supportent pas la tiédeur. Aiment créer ensemble des mondes où les âmes sensibles n'ont pas accès. La colère est leur péché mignon et leur passion physique, le bonheur. N'aiment pas qu'on les condamne.

Dominante mars avec dominante Jupiter : Toujours en pleine folie divine. Cela peut être bon pour eux, mais il y a risque de complications s'ils en retirent trop d'intérêts matériels.

Dominante Mars avec dominante Saturne : Besoin de toujours avoir raison de tout. Prédisposition au despotisme sentimental. Sexualité qui a besoin de solidité, d'épreuves et de conquêtes renouvelées.

Dominante Mars avec dominante Uranus : Besoin de vivre dans un climat de surexcitation et de valorisation constante. Besoin de vivre dans ce qui les porte aux extrêmes. Forte sexualité.

Dominante Mars avec dominante Neptune : Peur de ne pas se comprendre, car l'un pense à l'immédiat, tandis que l'autre s'appuie sur le futur.

Dominante Mars avec dominante Pluton : La passion est prédominante dans cette union, mais les chances d'entente sont maigres.

Les gens à dominante Mars ne s'acclimatent pas facilement aux autres, qu'ils trouvent bruyants et importuns.

Cependant, ce qu'ils apportent marque pour la vie et déchire facilement le voile des illusions.

LIAISON DU SIGNE ASTROLOGIQUE DE NAISSANCE AVEC LA DOMINANTE MARS

Bélier dominante Mars : Franchise, honnêteté, rapidité, besoin de vivre une vie sexuelle intense et à répétition, n'aime pas la fausse sentimentalité.

Taureau dominante Mars : A du mal à se frayer un chemin sur le plan affectif, mais a souvent une sensualité à fleur de peau qui réussit très bien à s'extérioriser. Sens de la couleur.

Gémeaux dominante Mars : Verbe agressif, besoin de séduire par la provocation intellectuelle, n'aime le repos sous aucune forme.

Cancer dominante Mars : Besoin de créer un foyer, une sécurité, ensuite de la mettre en jeu constamment. Lutte entre son besoin de sécurité et celui de lutter pour vivre.

Lion dominante Mars : Besoin d'imposer sa pensée et sa façon d'aimer. Besoin à tout prix de conquérir et de se sentir aimé plus que tout au monde. Riche sexualité.

Vierge dominante Mars : Peut se faire du mal tout au long de la vie pour des riens. Use de cruauté mentale inconsciente envers les gens qu'il aime, pour jauger la sincérité des sentiments à son égard.

Balance dominante Mars : Sa séduction peut être agressive. Son besoin de plaire peut devenir omniprésent. Besoin constant de savoir où il en est dans ses conquêtes. Il a toujours une conquête à faire.

Scorpion dominante Mars : Voit à l'essentiel et réduit sa vie à peu de choses. La passion l'emporte sur tout. Il fait connaître un tumulte sans fin à ceux qui l'aiment. Sexualité ouverte et réaliste.

Sagittaire dominante Mars : Est prêt à conquérir le monde ; il ne se sent vivre que lorsqu'il part à la découverte de son quelque chose. Sexualité qui est souvent sacrifiée à son besoin de découvrir.

Capricorne dominante Mars : Ne pardonne rien, ne tolère aucune faille dans les sentiments des autres à son égard. Cependant, peut bâtir quelque chose de solide avec une personne qui lui fait confiance aveuglément. Sexualité rare mais belle.

Verseau dominante Mars : Sentiment très fort et très poussé de tout ce qui est explosion intérieure, sentimentale et sexuelle, chez lui et chez les autres. Besoin de vivre au cours de la journée plusieurs émotions de courte durée.

Poissons dominante Mars : Souvent sa sentimentalité et sa sexualité sont liées à un besoin de combattre intérieurement une trop grande facilité. Peur d'avoir le rôle passif dans toutes les situations.

CHAPITRE 19

DOMINANTE JUPITER

L'être dominé par Jupiter s'exalte facilement et est souvent amoureux.

Son moi profond : Axé sur le besoin qu'il lui arrive toujours quelque chose, sans cela il dépérit. Il a besoin de vivre au maximum de lui-même ; il veut maîtriser le jeu des apparences même dans les pires situations.

Sa sentimentalité : Basée sur l'exagération et parfois sur un certain sens du scandale.

Sa sexualité : Elle passe avant tout. Il donne l'impression que vous n'avez jamais été aimé avant de le rencontrer. Il vit facilement dans le délire, car il ne calcule rien devant rien.

Sentimentalité et sexualité liées : Il est d'une générosité, d'une grandeur et d'une tolérance extraordinaire. Il est l'amour dans sa forme la plus exaltante et la plus belle.

Sentimentalité et sexualité séparées : Il devient facilement égocentrique : tout tourne autour de lui. Il ne vit que pour les apparences extérieures.

Sa sensualité : Elle passe par la richesse, par tout ce qui se voit et par une fierté et une approche sensuelle extraordinaire du regard. Il a horreur des défaillances à tous les niveaux. Sa sensualité, c'est la santé sans complication.

Son ciel sur terre : La vie affective et amoureuse liée à une bonne réputation. Il a besoin d'être admiré.

Son enfer sur terre : Lorsqu'il se rend compte que les apparences ne suffisent pas et qu'il faut aller au-delà de celles-ci. Ce cheminement lui est très douloureux.

Sa servitude : Être trop attaché à ce que les autres pensent de lui.

Son impossible rêve : Distribuer richesse et amour au monde entier et être maître après Dieu dans sa barque.

Sa possessivité : Elle passe essentiellement par les choses matérielles. Il donne, mais il aime qu'on soit reconnaissant.

Sa sécurité : L'augmentation de son potentiel à tous les niveaux.

Sa perception de la vie à deux : Aimer, être aimé et vivre sans arrêt des expériences nouvelles à tous les points de vue, dans la richesse.

Ses peurs : Que la roue de sa vie cesse de tourner.

Son premier regard : Regard grandiose. Rien n'est petit pour lui. Il ne craint rien.

Son dernier regard : Intérieur. Pour la première fois, lors d'un choc affectif, sentimental ou sexuel, il est obligé de se regarder. Cela lui donne l'énergie d'aller vers des choses moins visibles mais plus intéressantes ou alors de s'acheminer dans un vide de plus en plus grand créé par l'illusion des choses visibles.

Ce qui lui plaît :
    Sentimentalement : Que l'on dépende de lui.
    Sexuellement : Avoir à apprendre. Être responsable et être le premier.

Ce qui lui déplaît :
    Sentimentalement : Que l'on doute de lui.
    Sexuellement : Le soupçon.

À faire pour être aimé de lui : Avoir le sens de l'aventure.

À ne jamais lui faire : Lui faire sentir son insécurité.

L'homme dominé par Jupiter fait facilement sa marque et laisse une empreinte extérieure très forte dans la vie de ceux qu'il fréquente.

La femme dominée par Jupiter est toujours à la fine pointe de l'évolution à tous les niveaux de la société. Elle discute, parle, apprend, condense et dépense ses énergies facilement.

Les êtres nés sous l'abri de Jupiter ne sont jamais découragés. Leur optimisme est au-delà de tout. Leur amour s'inscrit dans le grand projet de la création. Ils ne tolèrent en rien les sentiments qui s'étiolent et ont besoin d'une hiérarchie morale qui tient une place importante dans leur vie.

ENTENTE POSSIBLE DES GENS À DOMINANTE JUPITER AVEC LES GENS QUI ONT D'AUTRES DOMINANTES PLANÉTAIRES

Dominante Jupiter avec dominante Soleil : Besoin d'être toujours au maximum dans toutes les situations. Couple dont la fierté et la magnificence dominent l'entourage. A éviter : les problèmes d'argent. Sexualité qui prend sa forme dans l'extériorisation.

Dominante Jupiter avec dominante Lune : Besoin de revenir au début du temps d'une façon illusoire et aventureuse. Besoin de sentir la sécurité et, en même temps, ils ont peur d'être arrêtés par cette sécurité.

Dominante Jupiter avec dominante Mercure : Les éternelles paroles et explications à propos de tout. Sexualité du moment présent.

Dominante Jupiter avec dominante Vénus : Que de luxe, de nonchalance et d'exagération dans leur façon de vivre ! Ils charment par leur présence et embellissent tout.

Dominante Jupiter avec dominante Mars : Ils ont sans cesse besoin de refaire le monde. Sexualité très riche mais qui n'est pas à long terme. Recherche des émotions fortes sur le plan de la sensualité.

Dominante Jupiter avec dominante Jupiter : Grandeur et éloquence des gestes. Besoin d'être vu et d'être le point de mire de leur entourage. Peuvent faire un monde d'un rien.

Dominante Jupiter avec dominante Saturne : Toujours des contradictions et des revirements sans fin, car l'un désire l'expansion et l'autre, une sorte d'énergie de contradiction.

Ils se comprennent seulement après avoir vécu des expériences humaines très fortes. Vie sexuelle très contradictoire mais qui, une fois comprise, peut durer longtemps.

Dominante Jupiter avec dominante Uranus : C'est le couple qu'on envie et qui bouleverse à lui seul l'idée qu'on se fait du couple. Sexualité exaltante mais à surprise.

Dominante Jupiter avec dominante Neptune : Besoin de servir une cause. Besoin de vivre une part de réalité dans la vie à deux ou dans la recherche extérieure. Sexualité psychique.

Dominante Jupiter avec dominante Pluton : Ils sont nés pour être porteurs de fruits. S'ils n'ont pas d'œuvre commune, tout s'effondre car ils ne supportent pas le manque d'ambition.

Les gens dominés par Jupiter ont besoin des autres et aiment vivre au grand jour. Ils n'ont jamais de mauvaise volonté et aiment trop le bonheur pour se compliquer inutilement la vie.

LIAISON DU SIGNE ASTROLOGIQUE DE NAISSANCE AVEC LA DOMINANTE JUPITER

Bélier dominante Jupiter : Générosité. Exagération fréquente dans la parole et dans la façon de se présenter aux autres. Peur de ne pas être vu.

Taureau dominante Jupiter : Richesse matérielle. Tout ce qu'il touche réussit. Peut faire tourner en or n'importe quoi, mais il a toujours peur de ne pas être aimé comme il le mériterait.

Gémeaux dominante Jupiter : Ses succès sentimentaux se répercutent sur sa vie matérielle. Sexualité qui, souvent, est vécue avec des personnes ayant une grande différence d'âge et de classe sociale. Jeunesse et amour, entre les deux partenaires, pour tout ce qui touche l'idéal et l'impulsion.

Cancer dominante Jupiter : Instinct de protection. Sens de la démesure envers ceux qu'il aime. Sentiment omniprésent de la responsabilité des choses face aux enfants.

Lion dominante Jupiter : Besoin de briller, de manifester sa présence et de donner de la grandeur à tout ce qui est vécu.

Vierge dominante Jupiter : Peur de ne pas être aimé pleinement et sens très fort du peu de durabilité des choses. Doute inutilement de lui-même.

Balance dominante Jupiter : Amour du luxe. Désir d'être choyé. Ne peut aimer que dans une atmosphère de protection et de sensualité très raffinée.

Scorpion dominante Jupiter : Fécondité extraordinaire. Sentiment omniprésent que tout peut être tué à partir de rien. Confiance illimitée en lui-même.

Sagittaire dominante Jupiter : Besoin d'améliorer la condition humaine. Besoin assez fort de sentimentalité et de sexualité.

Capricorne dominante Jupiter : Besoin d'aller au-delà des limites qu'on lui impose. Sentiment très grand du don de lui-même. Souvent peur d'être incompris de ceux qu'il aime. Sexualité riche mais discrète.

Verseau dominante Jupiter : Besoin d'aimer le monde entier. Besoin de ne jamais être limité. Sentiment omniprésent de la rapidité des choses.

Poissons dominante Jupiter : Capacité de comprendre et aussi d'aider les autres d'une façon efficace. Prédisposé à donner confiance aux gens qui ont perdu confiance en eux. Bonté et aussi, démesure.

CHAPITRE 20

DOMINANTE SATURNE

L'être dominé par Saturne a du mal à faire confiance à la race humaine. À force d'éviter la souffrance, il en arrive à ne plus vivre du tout.

Son moi profond : A horreur du manque de discipline et de logique. Sa première expérience sentimentale et sexuelle est déterminante.

Sa sentimentalité : Axée sur la sagesse et la connaissance. Il préfère sa méthode à celle des autres.

Sa sexualité : Elle est souvent paralysée par la peur et il est fréquent qu'il perde tout, à défaut de l'avoir demandé. La méfiance le fait facilement paniquer et cette panique, aussi justifiée soit-elle, lui fait manquer plusieurs liaisons. Cependant, sur le plan sexuel, il peut être très heureux dans la seconde partie de sa vie et vivre des choses qui, même dans la discrétion, auront une sorte de gloire.

Sentimentalité et sexualité liées : Cette union l'est pour la vie et confère durabilité et profondeur à ses sentiments.

Sentimentalité et sexualité séparées : Cela crée une attitude assez exigeante face à la vie et un trop grand besoin de fidélité de la part des autres.

Sa sensualité : Axée sur peu de choses, mais de belles choses. Ses sens sont lents mais ce qu'il apprend reste dans sa mémoire pour la vie. Il n'oublie jamais rien. Cependant, il est d'une très grande discrétion, lorsque cela concerne sa vie amoureuse et sexuelle.

Son ciel sur terre : Être compris des gens qu'il aime.

Son enfer sur terre : Être rejeté.

Sa servitude : Trop grand refoulement. Il a du mal à faire comprendre ses sentiments.

Son impossible rêve : Se former un cercle de gens qui lui ressemblent.

Sa possessivité : Il peut être le plus discret possible.

Sa sécurité : Qu'on lui fasse confiance.

Sa perception de la vie à deux : Être libre de ses pensées mais livrer possession de son corps.

Ses peurs : L'incrustation dans sa vie privée.

Son premier regard : Méfiant.

Son dernier regard : Haineux.

Ce qui lui plaît :
      Sentimentalement : La discrétion.
      Sexuellement : La simplicité.

Ce qui lui déplaît :
    Sentimentalement : La curiosité.
    Sexuellement : Trop d'originalité.

À faire pour être aimé de lui : Le comprendre et le laisser agir.

À ne jamais lui faire : Ne pas le respecter en le forçant à s'abandonner.

L'homme dominé par Saturne est discret et simple ; il aimerait garder ses petits secrets pour lui.

La femme dominée par Saturne est moins discrète mais très pudique ; elle ne se dévoilera que dans la seconde partie de sa vie.

ENTENTE POSSIBLE DES GENS À DOMINANTE SATURNE AVEC LES GENS QUI ONT D'AUTRES DOMINANTES PLANÉTAIRES

Dominante Saturne avec dominante Soleil : Pour le premier, besoin constant d'avoir raison mais toujours avec l'idée de ne pas être aimé, alors que le second a un réel besoin d'être compris, peu de communication. Sexualité très renfermée.

Dominante Saturne avec dominante Lune : Prédisposés à garder leurs secrets. Ils mènent une vie à l'abri des mauvaises langues. Sexualité avec beaucoup de complicité.

Dominante Saturne avec dominante Mercure : Tous les deux ont besoin de dominer et de régner, de gouverner, et tous ces besoins ont une seule cause, celle de protéger l'autre. Sexualité très contrôlée.

Dominante Saturne avec dominante Vénus : Mode de vie très opposé. Le premier est toujours là pour les étrangers et très peu disposé pour sa vie de couple ; il a un besoin immense de se sentir libre ; le second est déterminé à la faire changer. Sexualité très spéciale.

Dominante Saturne avec dominante Mars : Sentiment constant d'œuvrer dans quelque chose de commun, mais ils ne veulent pas être dépassés par les réalités trop concrètes de la vie. Force de caractère qui s'oppose. Sexualité franche et dénuée de fausse sentimentalité.

Dominante Saturne avec dominante Jupiter : S'ils ont un but à poursuivre et si quelque chose de matériel les unit, leur union est très valable. Ils ont besoin de voir concrètement le fruit de leur union et se lassent d'attendre quelque chose qui ne vient jamais.

Dominante Saturne avec dominante Saturne : La peur de souffrir les empêche de se lier. Sens du souvenir et alimentation de leur amour par le passé. Fidélité essentielle à leur union. Ils soupçonnent facilement et pardonnent difficilement. Ils aiment en profondeur mais ne le démontrent pas trop fort.

Dominante Saturne avec dominante Uranus : Ils attendent des choses contradictoires et cependant, ils s'attirent, car ils ont en commun des besoins intérieurs identiques, sauf que ces besoins n'aboutissent pas au même but. Sexualité qui est basée sur la maîtrise des émotions ; sans cela tout tombe très vite.

Dominante Saturne avec dominante Neptune : Besoin d'aller au-delà des impressions et, souvent, ils n'ont pas confiance dans les résultats que donnera leur union. Cela peut être très valable s'ils ne se fient qu'à leur intuition et non pas au regard et aux critiques des autres, car ils sont très sensibles.

Dominante Saturne avec dominante Pluton : Ils peuvent s'entendre dans les choses essentielles de la vie, mais ne doivent jamais axer leur union sur l'exagération extérieure, ni sur la vie sociale.

Les gens dominés par Saturne ont toujours quelque chose de profond et le transmettent à ceux qu'ils fréquentent. Ils n'ont pas besoin de rester jeunes ni de vivre d'illusions. Le grand dépouillement dans lequel ils vivent peut faire peur et c'est pour cela que certaines gens les fuient.

LIAISON DU SIGNE ASTROLOGIQUE DE NAISSANCE AVEC LA DOMINANTE SATURNE

Bélier dominante Saturne : Être souvent porté à une grande richesse dans le dénuement total. Sentiment qui s'exalte d'un rien, mais qui se prive de peu de choses. Sexualité sur une vie concentrée.

Taureau dominante Saturne : Besoin de durabilité. Ne tolère pas l'infidélité et pardonne très mal que les autres l'abandonnent. Ne se permet jamais de laisser tomber quelqu'un.

Gémeaux dominante Saturne : Besoin de comprendre presque scientifiquement ce qui est vécu en ce qui concerne le sens. Besoin aussi d'aller très loin et de prolonger les expériences au-delà du temps.

Cancer dominante Saturne : L'amour est avant tout prouvé par la sécurité qu'il donne à ceux qu'il aime. Ne tolère d'aucune façon la fantaisie affective lorsqu'elle sort du centre de sa vie.

Lion dominante Saturne : Peur de la solitude, mais y trouve une place d'honneur en se disant que les autres ne sont pas nécessairement dignes de son amour. Supporte mal d'être aimé tièdement.

Vierge dominante Saturne : Impitoyable et sans pardon pour les faiblesses humaines, en ce sens que tout passe par des explications logiques. Il ne pardonne pas les imprévoyances affectives chez lui-même et chez les autres.

Balance dominante Saturne : Souffre toute sa vie de l'esseulement, mais il a tellement peur de souffrir qu'il peut préférer la solitude à la non-compréhension et au non-partage. Il sait toujours ce qu'il fait sur les plans affectif, sentimental et sexuel.

Scorpion dominante Saturne : C'est souvent la compréhension de la mort à travers l'expérience amoureuse et souvent l'usure affective à un âge très jeune par des expériences pourtant très simples. Idée précise de ce qui doit être vécu.

Sagittaire dominante Saturne : N'aime pas les limitations. Ne veut absolument pas porter les responsabilités morales aux niveaux sentimental et sexuel.

Capricorne dominante Saturne : Aide très rarement mais très profondément. Cependant, il ne dit jamais s'il est blessé. Sexualité axée sur un sentiment d'admiration envers quelqu'un. Préfère être seul qu'avec des gens médiocres.

Verseau dominante Saturne : Veut comprendre, à travers l'expérience sentimentale et sexuelle, toutes les races et toutes les formes de sociétés sur terre, dans une sorte d'ascension morale et spirituelle. N'aime pas être approché par n'importe qui, mais se sent capable d'approcher le monde entier.

Poissons dominante Saturne : C'est souvent l'éclosion d'une vie de grandes souffrances ou, du moins, de grandes réalisations à travers la souffrance. Capacité immense de transcender la douleur pour l'amener à réaliser quelque chose d'extraordinaire. Même entouré, il se sent seul. Lorsqu'il aime, c'est pour la vie.

CHAPITRE 21

DOMINANTE URANUS

L'être dominé par Uranus a souvent un comportement affectif sexuel marginal dans son approche de la réalité amoureuse.

Son moi profond : Ne supporte pas qu'on tente de le calmer, car pour lui, la sensation de vivre est liée à celle d'aimer au-delà de tout, tant sur le plan sentimental que sexuel.

Sa sentimentalité : Axée sur un besoin d'aimer dans l'infinie justice du partage des tâches, des devoirs et des droits.

Sa sexualité : Toujours très intense et ne peut tolérer une vie sans amour. Il ne craint pas, pour son épanouissement sexuel, de quitter des biens matériels.

Sentimentalité et sexualité liées : Son système nerveux répond toute sa vie d'une façon extraordinaire aux stimuli extérieurs.

Sentimentalité et sexualité séparées : Il est à la recherche de vibrations au point que cette recherche peut devenir très maladive.

Sa sensualité : Elle passe par la vitesse et le changement. Il a besoin d'un tourbillon émotionnel pour se sentir vivre.

Son ciel sur terre : L'explosion amoureuse.

Son enfer sur terre : La tranquillité amoureuse.

Sa servitude : Être toujours à la recherche de choses extrêmes.

Son impossible rêve : Vivre toutes les formes d'émotions au cours de la même vie.

Sa possessivité : Axée sur les souvenirs des vibrations. Il trouve anormal qu'on recherche en dehors de lui les vibrations qu'il a su partager avec quelqu'un.

Sa sécurité : Son seul pouvoir des émotions.

Sa perception de la vie à deux : Aimer quelqu'un qui ne serait pas toujours là, mais dont la présence spirituelle serait omniprésente.

Ses peurs : Ne pas être compris, car on lui reproche toujours d'en demander trop.

Son premier regard : Intense et d'une exigence immédiate.

Son dernier regard : D'intensité mais dirigée, car il reproche toujours aux autres de ne plus l'aimer.

Ce qui lui plaît :
    Sentimentalement : La recherche des sentiments.
    Sexuellement : L'intensité sexuelle.

Ce qui lui déplaît :
    Sentimentalement : La recherche de biens à travers les sentiments.
    Sexuellement : La faiblesse de caractère.

À faire pour être aimé de lui : Être prêt à tout.

À ne jamais lui faire : Essayer de le subjuguer.

L'homme dominé par Uranus est souvent artiste et avant-gardiste ou, du moins, très courageux dans sa façon de vivre et d'aimer.

La femme dominée par Uranus a du mal à s'imposer, mais elle a de plus en plus sa place dans la société. C'est la femme qui ne tolère, en aucune façon, les lois sociales et humaines lorsqu'elles ne sont pas basées sur un humanisme très évolutif.

Cependant, la vie des gens dominés par Uranus est souvent parsemée de tourments imprévus, car ils courent au-devant des émotions qui les stimulent. Leur évolution affective, sentimentale et sexuelle est constante, ce qui fait que peu de gens les comprennent. Ils ont foi de trouver, au moment le plus inattendu, l'être qui n'aura pas peur.

ENTENTE POSSIBLE DES GENS À DOMINANTE URANUS AVEC LES GENS QUI ONT D'AUTRES DOMINANTES PLANÉTAIRES

Dominante Uranus avec dominante Soleil : C'est la foudre dans tout son éclatement. C'est la possibilité d'aller aux limites d'eux-mêmes. Sexualité riche et axée sur leur sensibilité nerveuse.

Dominante Uranus avec dominante Lune : Besoin de créer un univers dont ils ne seront pas prisonniers. Sentiment constant que demain, quelque chose d'extraordinaire arrivera. Sexualité axée sur l'inconstance.

Dominante Uranus avec dominante Mercure : Le système nerveux répond à tous les stimuli. Sentiment constant de l'évolution intellectuelle et mentale. Besoin de se parler pour se comprendre, d'où naît l'entente sexuelle.

Dominante Uranus avec dominante Vénus : Besoin de vivre des choses hors de la portée du commun des mortels. Exaltation continuelle de soi-même dans la vie sentimentale et sexuelle. Sexualité axée sur l'inédit.

Dominante Uranus avec dominante Mars : Querelles fréquentes ou déchirement à propos de tout. Tout les porte à s'aimer ou à se déchirer. Sexualité extrêmement belle, mais violente et sans demi-mesure.

Dominante Uranus avec dominante Jupiter : À condition de s'élever socialement et professionnellement, ils s'adoreront, mais aucun des deux ne tolère que l'autre le rapetisse à quelque niveau que ce soit. Sexualité axée sur les excès.

Dominante Uranus avec dominante Saturne : Ils se recherchent mais se comprennent mal. Ils ont besoin de vivre le dépassement pour se comprendre. Belle sexualité, mais celle-ci est sporadique.

Dominante Uranus avec dominante Uranus : C'est la foudre perpétuelle. Ils sont aux quatre coins du monde à la fois. Sentiment constant de leur appartenance à un monde d'exagération. Vie sexuelle axée sur la nervosité et le sentiment d'insécurité. Cela les exalte.

Dominante Uranus avec dominante Neptune : Sentiment très fort qu'au-delà de la chair, il y a quelque chose que l'on peut atteindre et que peu de gens y parviennent. Vie sentimentale et sexuelle axée sur la recherche du psychisme ou, du moins, du dépassement de la chair.

Dominante Uranus avec dominante Pluton : Vie sentimentale et sexuelle basée sur des choses peu communes ou d'approche peu facile. Ne se contente pas de facilité. Vie psychique extraordinairement belle.

Les gens à dominante Uranus apportent toujours quelque chose de peu commun dans la vie des autres. Ils révèlent souvent ou, du moins, provoquent chez eux une prise de conscience. Cela est douloureux mais toujours porteur de fruits.

LIAISON DU SIGNE ASTROLOGIQUE DE NAISSANCE AVEC LA DOMINANTE URANUS

Bélier dominante Uranus : Sens de l'immédiat poussé à l'extrême. Ne tolère aucune faille chez les autres. Veut qu'on l'aime tout de suite et sans appel, sans cela il s'en va.

Taureau dominante Uranus : A du mal à associer son besoin de sécurité avec un besoin d'improvisation. Toute sa vie est partagée entre les deux. Vie sentimentale qui se sécurise dans l'insécurité ; sans cela, il abandonne carrément la recherche de l'inattendu.

Gémeaux dominante Uranus : Vie intellectuelle axée sur le besoin de connaître des expériences nouvelles. Ne tolère aucunement qu'on lui impose des limites et des lois.

Cancer dominante Uranus : Veut créer des lieux de sécurité, mais il a besoin, pour que ces lieux soient intéressants, que l'insécurité s'en mêle. Vie sentimentale et sexuelle qui a besoin d'un cadre fixe à dépasser ; sans cela c'est l'errance perpétuelle.

Lion dominante Uranus : Sentiment constant de la rapidité des choses, de l'illusion de la gloire et de la faible durabilité des apparences. Recherche l'être rare et unique.

Vierge dominante Uranus : Beaucoup de difficulté à se comprendre au niveau émotionnel, car il a besoin de rectitude et de certitude et s'accommode mal d'une dominante planétaire qui, elle, n'en a pas besoin. Toute la vie il trouvera des moments de bonheur extraordinaire dans les petites choses, à condition d'avoir une certaine sécurité.

Balance dominante Uranus : Il peut passer d'un conjoint à l'autre tout au long de sa vie et est constamment à la recherche de l'inédit. Sexualité et sensualité explosives.

Scorpion dominante Uranus : Ne tolère, en aucune façon, de ne pouvoir vivre une expérience qu'il a le goût de vivre. Il a souvent la certitude que les choses se vivront sous un angle qui n'est pas terrestre. Il attend toujours et sait que quelque chose d'extraordinaire arrivera ; il le provoque s'il le faut. Vive sexualité.

Sagittaire dominante Uranus : Besoin d'aller au-delà du temps et au-delà de tout, mais il ne supporte, en aucune façon, d'être obligé de s'astreindre en quoi que ce soit. Aime être original.

Capricorne dominante Uranus : A du mal à se faire comprendre de son entourage, car plus il vieillit, plus son originalité devient grande. Sentimentalité et sexualité axées sur la recherche des êtres et des situations qui apportent quelque chose de vital à l'existence. Sans cela, tout l'ennuie.

Verseau dominante Uranus : Constamment tiraillé et appelé à vivre des situations qui n'ont rien à voir avec la réalité concrète de la vie. Sentiment constant de la subtilité des êtres, ce qui le séduit beaucoup.

Poissons dominante Uranus : Système nerveux très sensible. A intérieurement besoin d'aimer des êtres qui lui apporteront une évolution spirituelle et ne peut supporter d'être mêlé à ce qui est trop simple. S'ennuie facilement.

CHAPITRE 22

DOMINANTE NEPTUNE

L'être dominé par Neptune passe sa vie à se demander ce que sera sa vie. Il a de l'intuition, mais manque parfois d'action pour arriver à réaliser son rêve.

Son moi profond : Axé sur l'atmosphère plutôt que sur les événements. Il fuit la réalité lorsqu'elle est trop dure.

Sa sentimentalité : Elle s'exalte dans un besoin d'aimer et dans une sorte d'illusion, car c'est ce qui alimente ses sentiments. La vie aura toujours, pour lui, plusieurs visages.

Sa sexualité : Axée sur la recherche d'une identité affective émotionnelle. Il a du mal à être compris des autres, car sa vie sexuelle n'a pas de fonctionnement physique. Il a toujours peur de faire du mal et d'être incompris des autres et cela le rend impuissant dans l'action. Il n'aime pas prendre la responsabilité de la conquête et aime mieux être conquis. Il croit qu'ainsi, il sera plus libre de partir. Mais il est toujours un peu absent.

Sentimentalité et sexualité liées : C'est le rêve et l'émotion la plus pure, la dilatation du moi dans le cosmos.

Sentimentalité et sexualité séparées : Cela crée une recherche incessante de lui-même par des souffrances morales intolérables.

Sa sensualité : Elle est interne. Elle passe par des émotions d'une grande subtilité et par une vision intuitive des choses. Il voit toujours le dedans d'un être avant d'en voir le dehors.

Son ciel sur terre : La vie psychique heureuse dans une communication au-delà des sens.

Son enfer sur terre : La limitation en tout, en ce qui concerne ce qui est palpable et l'impression que personne ne veut l'entendre.

Sa servitude : Être trop attaché aux émotions plutôt qu'aux événements.

Aimer au-delà de la vie, de la mort, du visible, de l'invisible, de la solitude et de la souffrance. Donner le bonheur à tous ceux qui n'en ont pas.

Sa possessivité : Très subtile. C'est au niveau de l'âme et non pas au niveau du corps que se joue sa relation avec les êtres.

Sa sécurité : La marche dans l'invisible.

Sa perception de la vie à deux : Un avancement spirituel à travers une vie sexuelle heureuse.

Ses peurs : Qu'on lui dise qu'il a tort alors qu'il sait qu'il a raison sans qu'il puisse le prouver.

Son premier regard : Raffiné et nuancé. Tout est suggéré et rien n'est imposé.

Son dernier regard : Regard qui nie la réalité.

Ce qui lui plaît :
 Sentimentalement : L'éclosion spirituelle.
 Sexuellement : Toucher l'âme à travers le corps.

Ce qui lui déplaît :
 Sentimentalement : La réalité trop concrète.
 Sexuellement : Toucher le corps sans toucher l'âme.

À faire pour être aimé de lui : Aller à l'essentiel et au centre vital de l'existence.

À ne jamais lui faire : Lui imposer votre pensée.

L'homme dominé par Neptune est souvent errant en ce qu'il n'obtient rien sur le plan visible. Il ne veut surtout pas se vanter du nombre de ses conquêtes.

La femme dominée par Neptune a souvent été jugée parce qu'on l'a mal comprise. Elle a besoin d'aimer dans un sens qui n'est pas nécessairement terrestre.

Les gens dominés par Neptune aiment les choses rares. Leur vie sexuelle est vécue d'une façon spirituelle ou peut passer par les chemins de la déchéance. Ils ne savent pas s'organiser pour être heureux. Ils sont appelés à vivre des choses au-delà de la compréhension normale et limitée de leur conscience.

ENTENTE POSSIBLE DES GENS À DOMINANTE NEPTUNE AVEC LES GENS QUI ONT D'AUTRES DOMINANTES PLANÉTAIRES

Dominante Neptune avec dominante Soleil : Ils se partagent tous les deux une dignité extraordinaire. Le premier s'appuie sur les choses intérieures et l'autre, sur les choses extérieures. Ils peuvent se comprendre dans la démesure, mais aucun des deux ne veut abdiquer devant l'autre. Sentimentalité extrêmement riche.

Dominante Neptune avec dominante Lune : Ils ont en commun le pouvoir de comprendre l'implacable et la moindre caresse les émeut profondément. Sensualité et sexualité extrêmement subtiles.

Dominante Neptune avec dominante Mercure : Sentiment constant de l'intelligence et de la subtilité morale des choses. Ne veulent, en aucune façon, être coupables l'un envers l'autre. Sexualité qui passe par l'intelligence.

Dominante Neptune avec dominante Vénus : Omniprésence du besoin d'amour et du dépassement amoureux. Sentiment constant des émotions dans ce qu'ils ont de plus subtil et de plus raffiné. Compassion envers l'humanité.

Dominante Neptune avec dominante Mars : Le premier a du mal à comprendre les assauts de l'autre et l'autre ne comprend pas les incertitudes du premier. Ils s'attirent mais, dans la vie pratique, les chances de réussite sont minces. Ils ne veulent pas se laisser conquérir. Besoin d'exaltation physique.

Dominante Neptune avec dominante Jupiter : C'est le couple le plus sérieux de la terre en ce qu'il donne tout mais il peut se perdre dans cette générosité. Sexualité basée sur la recherche de l'immatériel.

Dominante Neptune avec dominante Uranus : Ils ont en commun de ne pas être attachés aux choses trop concrètes.

L'un et l'autre sont appelés à s'aimer mais pas nécessairement charnellement. Besoin de spiritualité.

Dominante Neptune avec dominante Neptune : Ils se comprennent par le regret et ont besoin de se comprendre.

Dominante Neptune avec dominante Pluton : Sentiment constant des réalités qui ne sont pas visibles dans ce monde. Sentiment aussi que tout pourrait être dit ou compris dans une uniformisation des êtres, dans un monde au-delà de ce monde. Sexualité très belle.

Les gens dominés par Neptune apportent toujours un sens du dépassement des choses réelles à ceux qui les aiment, mais ils peuvent mêler, d'une façon trop grande, l'amour à des subtilités que les autres comprennent mal. Ils ne tiennent pas à gagner ni à perdre ; ils tiennent à apprendre et à faire un pas dans une marche avant tout spirituelle, mais cela peut être mêlé à des apparences de fausseté que l'on ne peut discerner qu'avec une grande sagesse d'âme. Souvent, ils font preuve d'une grande bonté, mais non de manière concrète ; c'est que les preuves tangibles ne les intéressent pas.

LIAISON DU SIGNE ASTROLOGIQUE DE NAISSANCE AVEC LA DOMINANTE NEPTUNE

Bélier dominante Neptune : Beauté du regard et du visage. Transfiguration au premier regard. Sexualité extrêmement diffuse et raffinée.

Taureau dominante Neptune : La voix est extrêmement belle. Souvent, grande capacité de donner et de recevoir des choses qui se désagrègent à mesure que l'amour vieillit. Sensualité divine.

Gémeaux dominante Neptune : Besoin de créer un coin dans son être où seul ce qui est vécu de l'intérieur aurait place. N'aime pas la gloire et les choses matérielles trop évidentes. Sensualité et sexualité axées sur une ouverture à un monde qui n'est pas toujours facile d'accès.

Lion dominante Neptune : Beauté. Vie charnelle extrêmement belle et ouverte sur le monde. il n'aime que ce qui est digne de son amour. Sens de la dignité à toute épreuve.

Vierge dominante Neptune : Complexité morale et mentale du fait qu'il a besoin de comprendre et que la dominante Neptune ne s'explique jamais. Sexualité très heureuse avec des êtres d'exception. N'aime pas la banalité.

Balance dominante Neptune : Subtilité dans la recherche de l'union. Comprend tout par l'esprit, mais se heurte toujours à des difficultés. Sexualité qui est liée à un sens de l'éternité dans l'union.

Scorpion dominante Neptune : Transperce, d'une façon paisible, les êtres et les situations. N'aime pas être obligé de s'expliquer. Tout ce qu'il vit est toujours perçu de manière fataliste. Disponibilité totale. Expériences qui transposent la vie matérielle et physique à un degré plus élevé.

Sagittaire dominante Neptune : Toujours prêt à partir, à s'engager. Aime essentiellement les êtres qui l'exaltent. Ne tolère, en aucune façon, d'avoir à vivre ce qu'il juge trop petit.

Capricorne dominante Neptune : C'est la réunion de l'infini avec la froideur du fini. Sentiment très grand que la vie apportera ce qu'il faut en temps et lieu. Dépassement des choses de ce monde. Sexualité très belle qui apporte la sagesse et la paix, mais avec des êtres humains rares.

Verseau dominante Neptune : Disposé à procéder à des expériences affectives, amoureuses et sexuelles qui sont un peu dématérialisées. Comprend tout par une connaissance parfaite de son corps physique et mental. Aime l'inaccessible.

Poissons dominante Neptune : Le confident idéal pour toutes les situations amoureuses et sexuelles. Il vit l'éternité dans la simplicité. Ne tolère, en aucune façon, de ne vivre que dans un monde visible.

CHAPITRE 23

DOMINANTE PLUTON

L'être dominé par Pluton ne s'intéresse qu'à la passion, à quelque niveau que ce soit de sa vie sentimentale ou sexuelle.

Son moi profond : Axé sur un besoin d'aimer dans une insécurité constante car il ne croit pas à la durée. Son sens du temps est celui du dépassement.

Sa sentimentalité : Elle passe par la communion avec l'univers et la moindre émotion devient un mariage d'éternité.

Sa sexualité : Axée sur l'absence de doute. L'essentiel l'intéresse et il ne dépense jamais d'énergie pour les choses qu'il croit provisoires.

Sentimentalité et sexualité liées : C'est l'éternité qui commence sur terre.

Sentimentalité et sexualité séparées : C'est une souffrance sans fin. Recherche d'une chaleur à travers les glaces du doute.

Sa sensualité : Liée à ce qu'il y a d'essentiel, de dépouillé et d'unique en ce monde. Sa sensualité ne passe jamais par des fioritures ; elle passe par le déchirement ou l'extase.

Son ciel sur terre : L'unification de l'énergie émotionnelle et sexuelle pour vivre au maximum.

Son enfer sur terre : Ce qui n'aboutit jamais à rien, alors que toute l'énergie serait prête à s'unir à l'univers entier.

Sa servitude : Être obligé de vivre sur terre, alors que son être entier est déjà dans un autre monde.

Son impossible rêve : Allier les extrêmes et en faire un monde nouveau.

Sa possessivité : Volontairement possessive et orientée vers l'absolu. Ce qui a été vécu avec lui est inoubliable.

Sa sécurité : Savoir que la mort existe.

Sa perception de la vie à deux : Vie d'extase avec l'être qu'il aime.

Ses peurs : Après avoir vécu une passion éternelle, être obligé de se contenter d'amours éphémères.

Son premier regard : Absolu. Rien de ce qui n'est pas absolu ne l'intéresse.

Son dernier regard : Regard d'indifférence, car il ne se contente jamais de l'amitié ou du faux amour d'un être qu'il a aimé. Il aime ne plus voir quelqu'un ou alors, s'il le revoit, il en souffre ; mais il préfère souffrir plutôt que de ne rien vivre.

Ce qui lui plaît :
    Sentimentalement : Le don total de soi.
    Sexuellement : Lien absolu dans l'amour et la sexualité.

Ce qui lui déplaît :
> **Sentimentalement :** Les calculs émotifs.
> **Sexuellement :** Les conquêtes faciles.

À faire pour être aimé de lui : Accepter l'inacceptable dans le bien ou dans le déchirement.

À ne jamais lui faire : Le réduire à la dimension terrestre.

L'homme dominé par Pluton est attiré par le dépassement, par la mort et par l'au-delà.

La femme dominée par Pluton est capable de comprendre les choses essentielles de la vie, de la mort, du charme et de l'existence. Tout pour elle ne fait qu'un.

Les personnes dominées par Pluton sont attirées par le dépassement sexuel. Elles vivent leur sexualité dans le danger ; la tranquillité leur fait peur.

ENTENTE POSSIBLE DES GENS À DOMINANTE PLUTON AVEC LES GENS QUI ONT D'AUTRES DOMINANTES PLANÉTAIRES

Dominante Pluton avec dominante Soleil : C'est la rencontre des extrêmes et de ce qui doit fatalement arriver. Ces gens-là se comprennent dès le premier regard, mais peuvent aussi se détester dès ce premier regard. Sexualité infiniment belle.

Dominante Pluton avec dominante Lune : Fécondité extrême ou alors destruction pour une peccadille. Sexualité impulsive.

Dominante Pluton avec dominante Mercure : C'est le besoin de comprendre les énigmes de l'univers et de la vie. Ne tolèrent, en aucune façon, lorsqu'ils sont ensemble, de ne pas tout s'expliquer. Sexualité qui s'illusionne de tout.

Dominante Pluton avec dominante Vénus : Très belle union. Besoin de dépasser par l'esthétisme et par l'expérience sexuelle les limites de la souffrance et de la mort.

Dominante Pluton avec dominante Mars : C'est la compréhension la plus belle et la plus totale des êtres, mais aussi de tout ce qui est vécu dans le dépassement. Ne tolèrent, en aucune façon de ne pas être aimés à l'infini. Violence dans les besoins d'amour.

Dominante Pluton avec dominante Jupiter : Souvent, ces personnes créent un monde d'exagération, mais aussi de plénitude. Sexualité axée sur le besoin de faire leurs propres règles. Ne tolèrent, en aucune façon, l'ingérence des autres dans leur vie.

Dominante Pluton avec dominante Saturne : Se parlent peu. Vivent une sexualité dépouillée d'artifices. Sentiment constant de l'usure qui, cependant, constitue un tremplin à leur amour.

Dominante Pluton avec dominante Uranus : Besoin de dépasser les choses et d'aller vers ce qu'il y a de plus original et de plus inédit dans toutes les situations. Ne tolèrent, en aucune façon, les répétitions. Sexualité peu commune.

Dominante Pluton avec dominante Neptune : Sentiment constant que tout ce qui est vécu l'est parce qu'il doit l'être. Croyance en une destinée cosmique aux niveaux sentimental et sexuel et abandon total à cette destinée.

Dominante Pluton avec dominante Pluton : Se reconnaissent et s'aiment ou se détestent. Ne peuvent tolérer de vivre quoi que ce soit en dehors d'eux.

Les gens dominés par Pluton n'arrivent jamais par hasard dans la vie de quelqu'un. Ils déchirent tout, brisent tout ou apportent l'extase d'une façon extraordinaire à ceux qu'ils fréquentent.

LIAISON DU SIGNE ASTROLOGIQUE DE NAISSANCE AVEC LA DOMINANTE PLUTON

Bélier dominante Pluton : C'est l'enfer dans la tête, c'est le besoin d'aller le plus loin possible dans tout ce qui est vécu et dans tout ce qui sera vécu. Sentiment de l'éternité dans le moindre moment de la vie sentimentale et sexuelle.

Taureau dominante Pluton : Besoin de vivre une sensualité axée sur des choses qui ont fait leur preuve. Amour très grand de tout ce qui existe depuis que le monde est monde. Tout ce qui témoigne de l'histoire de l'humanité les enchante. Sexualité qui a besoin d'être mêlée à l'histoire cosmique du monde.

Gémeaux dominante Pluton : Besoin de rendre intelligentes les pulsions et les choses les plus secrètes de la vie des autres. Sentiment constant de la rapidité, de la force ou de la faiblesse des êtres et des situations. Comprend tout.

Cancer dominante Pluton : Besoin très grand de créer quelque chose qui serait à l'abri de la mort ou, du moins, de défier la mort dans une création constante d'amour et de paix. Sexualité axée sur la création qui défie le temps.

Lion dominante Pluton : Orgueil immense de lui-même et de son œuvre. Sexualité riche mais qui veut se donner l'illusion de la survie.

Vierge dominante Pluton : Besoin d'analyser la sexualité à travers l'expérience de la mort des liens sexuels. Ne tolère pas que quelque chose sorte de sa vie sans savoir pourquoi.

Balance dominante Pluton : Beauté très grande dans l'approche des autres. Sentiment constant que tout est futile et que tout passe très vite mais, en même temps, à travers cette futilité, découverte d'une spontanéité qui alimente sa vie.

Scorpion dominante Pluton : Force de caractère. Liaison sentimentale et sexuelle qui marque pour la vie les êtres qui ont vécu avec lui. Ne tolère, en aucune façon, de croire que tout est fini après la mort d'un amour.

Sagittaire dominante Pluton : Constamment besoin d'aller au-delà de lui-même par toutes les formes d'amour et de vie. Sentiment très fort de l'éternité dans le dépassement de lui-même.

Capricorne dominante Pluton : Compréhension, avec le temps, de toutes les facettes de la sexualité. Tolère difficilement de ne pas être aimé et se venge durement de ceux qui ne l'aiment pas.

Verseau dominante Pluton : C'est à travers les expériences qui défient le temps qu'il trouve le dynamisme intérieur. Vie sexuelle axée sur le dépassement.

Poissons dominante Pluton : Compréhension de toutes les souffrances et de tous les drames. Sentimentalité et sexualité qui portent en elles toutes les possibilités de compassion et d'abandon. Ne tolère, en aucune façon, de vivre des choses qui ne le touchent pas émotivement.

TROISIÈME PARTIE

CHAPITRE 24

LA LUNE NOIRE

La Lune noire nous instruit sur la sexualité qui marquera la destinée d'une personne. La Lune noire n'est pas une planète : c'est un point mobile précis dans le cosmos et son calcul est déterminé par des éphémérides spéciales. Selon le rapport qu'elle entretient avec le zodiaque et la dominante planétaire, elle déterminera le besoin sexuel d'une personne, sa capacité de le vivre d'une façon heureuse, de le transcender ou d'en souffrir toute sa vie.

OÙ EST SITUÉE VOTRE LUNE NOIRE ?

Pour connaître le signe du zodiaque de votre Lune noire, celle de vos amis, référez-vous à ce tableau. Il est fort simple à comprendre. Par exemple, la Lune noire était à zéro degré du Bélier le 25 août 1931 ; elle a traversé ce signe jusqu'au 19 mai 1932, à minuit, où elle faisait son entrée dans le signe du Taureau. Si vous êtes né entre ces deux dates, votre Lune noire est en Bélier.

Du 25 août 1931 au 19 mai 1932	Bélier
Du 20 mai 1932 au 31 janvier 1933	Taureau
Du 1 février 1933 au 31 octobre 1933	Gémeaux
Du 1 novembre 1933 au 31 juillet 1934	Cancer
Du 1 août 1934 au 24 avril 1935	Lion
Du 25 avril 1935 au 9 janvier 1936	Vierge
Du 10 janvier 1936 au 9 octobre 1936	Balance
Du 10 octobre 1936 au 9 juillet 1937	Scorpion
Du 10 juillet 1937 au 4 avril 1938	Sagittaire
Du 5 avril 1938 au 31 décembre 1938	Capricorne
Du 1 janvier 1939 au 24 septembre 1939	Verseau
Du 25 septembre 1939 au 14 juin 1940	Poissons
Du 15 juin 1940 au 19 mars 1941	Bélier
Du 20 mars 1941 au 9 décembre 1941	Taureau
Du 10 décembre 1941 au 31 août 1942	Gémeaux
Du 1 septembre 1942 au 24 mai 1943	Cancer
Du 25 mai 1943 au 29 février 1944	Lion
Du 1 mars 1944 au 4 novembre 1944	Vierge
Du 5 novembre 1944 au 19 août 1945	Balance
Du 20 août 1945 au 9 mai 1946	Scorpion
Du 10 mai 1946 au 9 février 1947	Sagittaire
Du 10 février 1947 au 4 novembre 1947	Capricorne
Du 5 novembre 1947 au 31 juillet 1948	Verseau
Du 1 août 1948 au 19 avril 1949	Poissons
Du 20 avril 1949 au 19 janvier 1950	Bélier
Du 20 janvier 1950 au 19 octobre 1950	Taureau
Du 20 octobre 1950 au 14 juillet 1951	Gémeaux
Du 15 juillet 1951 au 31 mars 1952	Cancer
Du 1 avril 1952 au 31 décembre 1952	Lion
Du 1 janvier 1953 au 30 septembre 1953	Vierge
Du 1 octobre 1953 au 30 juin 1954	Balance
Du 1 juillet 1954 au 19 mars 1955	Scorpion
Du 20 mars 1955 au 14 décembre 1955	Sagittaire
Du 15 décembre 1955 au 9 septembre 1956	Capricorne
Du 10 septembre 1956 au 4 juin 1957	Verseau
Du 5 juin 1957 au 28 février 1958	Poissons

Du 1 mars 1958 au 24 novembre 1958 — Bélier
Du 25 novembre 1958 au 14 août 1959 — Taureau
Du 15 août 1959 au 19 mai 1960 — Gémeaux
Du 20 mai 1960 au 9 février 1961 — Cancer
Du 10 février 1961 au 4 novembre 1961 — Lion
Du 5 novembre 1961 au 31 juillet 1962 — Vierge
Du 1 août 1962 au 30 avril 1963 — Balance
Du 1 mai 1963 au 24 janvier 1964 — Scorpion
Du 25 janvier 1964 au 19 octobre 1964 — Sagittaire
Du 20 octobre 1964 au 14 juillet 1965 — Capricorne
Du 15 juillet 1965 au 19 avril 1966 — Verseau
Du 20 avril 1966 au 31 décembre 1966 — Poissons
Du 1 janvier 1967 au 30 septembre 1967 — Bélier
Du 1 octobre 1967 au 30 juin 1968 — Taureau
Du 1 juillet 1968 au 19 mars 1969 — Gémeaux
Du 20 mars 1969 au 14 décembre 1969 — Cancer
Du 15 décembre 1969 au 14 septembre 1970 — Lion
Du 15 septembre 1970 au 4 juin 1971 — Vierge
Du 5 juin 1971 au 29 février 1972 — Balance
Du 1 mars 1972 au 24 novembre 1972 — Scorpion
Du 25 novembre 1972 au 24 août 1973 — Sagittaire
Du 25 août 1973 au 19 mai 1974 — Capricorne
Du 20 mai 1974 au 9 février 1975 — Verseau
Du 10 février 1975 au 4 novembre 1975 — Poissons
Du 5 novembre 1975 au 4 août 1976 — Bélier
Du 5 août 1976 au 30 avril 1977 — Taureau
Du 1 mai 1977 au 19 janvier 1978 — Gémeaux
Du 20 janvier 1978 au 19 octobre 1978 — Cancer
Du 20 octobre 1978 au 24 juillet 1979 — Lion
Du 25 juillet 1979 au 14 avril 1980 — Vierge
Du 15 avril 1980 au 31 décembre 1980 — Balance
Du 1 janvier 1981 au 30 septembre 1981 — Scorpion
Du 1 octobre 1981 au 30 juin 1982 — Sagittaire
Du 1 juillet 1982 au 24 mars 1983 — Capricorne
Du 25 mars 1983 au 24 décembre 1983 — Verseau

Vous regardez, d'après votre date de naissance, dans quelle période est placée votre Lune noire.

Exemple : Une personne née le 8 octobre 1952 aura sa Lune noire placée entre la période du 30 mars 1952 au 24 décembre 1952. Sa Lune noire est donc dans le signe du Lion.

LA LUNE NOIRE
ET LES DIFFÉRENTS SIGNES ZODIACAUX

La Lune noire en Bélier : Sentiments qui arrivent brutalement et qui explosent facilement. Amour axé sur les coups du destin. Peu de pitié pour la faiblesse émotive. Demande aux autres de le suivre dans le chaos de l'aventure. Ne leur pardonne pas leur peur.

La Lune noire en Taureau : Amour mêlé à la sensualité. Besoin de sécurité. La vie sexuelle est essentiellement liée à la sorte de sécurité que l'on a reçue dans l'enfance.

La Lune noire en Gémeaux : Adolescence précoce. Possibilité de vivre la sexualité sur plusieurs plans ou bien de vivre la sexualité en ce qui concerne la pensée. Vie sexuelle qui a une influence prépondérante sur la formation de la pensée positive de la personne.

La Lune noire en Cancer : Besoin d'avoir une vie sexuelle protectrice, active ou passive. Difficulté de vaincre ses peurs et ses angoisses ou alors, explosion de tout et sentiment de liberté dans l'expérience sentimentale et sexuelle.

La Lune noire en Lion : La personne accepte mal d'être passionnée pour quelqu'un, car elle a peur de perdre toute sa dignité ou alors, elle a besoin à tout prix, pour se sécuriser, que les autres soient passionnés pour elle. Intolérance intellectuelle.

La Lune noire en Vierge : Capacité immense d'analyser ses passions ou de les vivre d'une façon froide ou séparée de la vie. Besoin de comprendre le fondement des choses. Capacité d'intellectualiser les actes les plus primitifs.

La Lune noire en Balance : Besoin de tout vivre dans un équilibre et un sens profond du partage. Hors de l'union, la sexualité est malheureuse.

La Lune noire en Scorpion : L'énergie affective et sexuelle est créatrice et absolue. Possibilité immense de connaître, de son vivant, les extrémités du ciel et de l'enfer. Intuition du passage de la vie à la mort par la sexualité.

La Lune noire en Sagittaire : Besoin de s'épanouir, de vivre dans les ondes d'un monde irréel. Grande possibilité d'union avec des êtres complexes qui apporteront des dimensions opposées à celles que l'on attendait au départ dans l'existence.

La Lune noire en Capricorne : Possibilité que la vie affective et sexuelle serve à la vie professionnelle, mais de façon tardive. Parfois, sentiment douloureux de l'existence.

La Lune noire en Verseau : Besoin d'indépendance et d'autonomie qui domine la vie sexuelle. Découverte intérieure subite de la sexualité et besoin de transcender le côté trop terre-à-terre de la vie sentimentale et sexuelle.

La Lune noire en Poissons : Possibilité de vivre dans les difficultés ou la souffrance. Vie sexuelle toujours discrète et qui débouche souvent, soit sur la fraude, soit sur les plus grands mystères.

La façon dont la personne entretient ses rapports sous sa Lune noire indiquera la façon dont elle vit ses pulsions amoureuses et sexuelles. Cependant, la Lune noire engendre une grande intransigeance en ce qu'elle ne laisse place à aucune explication logique. Ceux qui, dans leur vie, vivent la Lune noire dans ses aspects les plus forts, ont généralement la possibilité de saisir les choses inexplicables par la logique. Dans la carte du ciel, la Lune noire a une importance prépondérante : elle permet de déterminer, dans la destinée affective et sexuelle d'un être, la part de domination et de soumission.

RELATION DES DOMINANTES PLANÉTAIRES CHEZ LES GENS AVEC LEUR LUNE NOIRE

La personne dominée par le Soleil : A peur d'être dominée par la Lune noire. Elle a peur de l'immensité que cela représente comme gouffre ou comme appel à l'infini. Cette personne a trop besoin de comprendre les choses et la Lune noire est sans logique, ce qui blesse la dignité et l'orgueil.

La personne dominée par la Lune : Accepte très facilement l'influence de la Lune noire car elle se dit que, de toute façon, elle détermine la passion. Elle a donc nécessairement un rôle important dans la naissance. Cependant, la Lune noire est impitoyable dans ce qu'elle apporte et la personne dominée par la Lune a besoin de changement. Au départ, par peur de sclérose, la personne à dominante lunaire craint l'importance de la Lune noire dans sa carte du ciel ; mais cette crainte disparaît avec la maturité.

La personne dominée par Mercure : A besoin d'un climat d'intelligence et de raffinement pour accepter les effets de la Lune noire. Si celle-ci ne lui enlève rien de sa jeunesse, elle pourra connaître l'épanouissement sexuel ; mais si la Lune noire lui fait connaître des expériences trop douloureuses sur le plan sentimental ou sexuel, alors le sujet sera rejeté.

La personne dominée par Vénus : Aime bien la Lune noire, car elle s'imagine que celle-ci peut augmenter son pouvoir de séduction. Sous l'influence de la Lune noire, la beauté terrestre donne un avant-goût de la beauté éternelle.

La personne dominée par Mars : Adore la Lune noire ; elle se dit que les effets de la Lune noire apporteront à son dynamisme naturel quelque chose de plus et que, de toute façon, rien de cela ne peut être négatif, à part une certaine cruauté verbale.

La personne dominée par Jupiter : A peur de la Lune noire parce qu'elle se dit que sa personnalité est fondée sur des choses essentiellement extérieures. Pourtant, elle est lasse des expériences extérieures qui ne mènent à rien. Cette personne, pour acquérir la connaissance, est prête à accepter l'influence de la Lune noire.

La personne dominée par Saturne : N'aime pas du tout la Lune noire, car elle est convaincue que celle-ci n'apporte que bouleversement et, surtout, qu'elle réduit la durée des choses. Cependant, elle sait que la Lune noire apporte la connaissance de l'expérience avant la mort et cela même avant que la maturité ne survienne. Donc, la personne dominée par Saturne sait ce que peut faire la Lune noire et elle préfère se tenir à distance.

La personne dominée par Uranus : Aime bien la Lune noire, car l'explosion qu'elle lui procure exaltera sa sentimentalité et sa sexualité.

La personne dominée par Neptune : Aime la Lune noire d'une manière particulière, mais elle craint les illusions et a peur des choses trop concrètes. Au niveau spirituel, il y a très bonne rencontre. Ouverture pour les aspects de la Lune noire dans l'espoir d'une évolution.

La personne dominée par Pluton : Aime la Lune noire en ce sens qu'elle parle un langage qui, sensuel au départ, transcende la chair. Ses décisions sont définitives et son acceptation est totale, car elle sait que la Lune noire lui apportera la délivrance.

La Lune noire ne laisse aucune place à la logique et au calcul. L'endroit où elle est placée dans une carte du ciel et les aspects qu'elle forme dans une vie sont dissociés totalement de tout ce qui peut être imaginé par la logique et l'entendement. Le bien et le mal s'effacent devant le destin. Et, de toute façon, elle permet d'entrevoir l'infini et de rompre nos limites.

CHAPITRE 25

LA CARTE DU CIEL DE L'AMOUR

Je tenterai, par les explications qui suivent, de vous indiquer ce que signifie chaque signe du zodiaque en matière de sentimentalité et de magnétisme sexuel. Par la suite, je vous parlerai des effets futurs des planètes sur la vie amoureuse et sexuelle dans les années à venir.

Bélier : Le Bélier est le signe des impulsifs dans le zodiaque au repos. Sur les plans sentimental et sexuel, c'est essentiellement le premier regard, le premier sourire qui importe et qui constitue le premier moment de rencontre entre deux êtres. C'est le signe de l'illusion et de l'immédiat. Le premier moment d'une rencontre, s'il est positif, est déterminant. C'est déjà une paix merveilleuse en tout. Mais c'est aussi un signe de générosité. Le Bélier est le signe de l'intrépidité : tout va vite, on ne calcule pas ; mais c'est aussi le signe de la colère, une fois perdues l'illusion et la personne qui l'incarne. La passion Bélier est la passion qui se vit dans la rapidité, qui sacrifie tout au moment présent et qui ne tolère, en aucune façon, le doute, les angoisses et les incertitudes. La passion Bélier refuse de penser à l'avenir. Magnétisme sexuel entreprenant qui ne tolère aucune manifestation d'hésitation ou de doute. On ne séduit pas par la beauté du visage, mais les traits demeurent importants. Passion ardente dans le monde de l'amour, le Bélier représente l'impulsion.

Taureau : Le Taureau a ceci de particulier qu'il cherche à entretenir l'amour par le biais de l'apport matériel. Ce signe est en relation directe avec la sécurité matérielle ; donc, il entretient, sur le plan visible, les émotions qui peuvent être vécues sur un autre plan. Cependant, le signe du Taureau a besoin de s'extérioriser au sein de cette sécurité, de savoir que les êtres à qui il donne tout lui sont fidèles. Donc, les passions essentielles du Taureau sont la fidélité et la certitude. Magnétisme sexuel qui passe par la sensualité et qui, souvent, est troublé par le besoin de possession. Importance du cou et des caresses. Passion sécurisante.

Gémeaux : C'est le signe de l'expression orale et écrite de l'amour. C'est le signe qui est en relation directe avec la façon d'exprimer ses émotions et ses sentiments et aussi de les transformer au fur et à mesure qu'on les exprime. C'est le signe qui a le plus besoin, pour être heureux, de vivre des passions intéressantes au niveau mental. La passion du Gémeaux passe par l'esprit ; elle a besoin de stimulation mentale pour survivre. Magnétisme sexuel passant par la frivolité et souvent par l'intellectualisme brillant. Les paroles et les gestes ont une grande importance. Les mains, les bras et les jambes sont très sensibles. Passion communicante.

Cancer : C'est le signe de l'amour au foyer et de l'affection. La passion cancérienne est orientée vers la procréation et elle attache de l'importance au passé et à l'avenir. C'est une passion qui veut vivre loin du bruit et qui a besoin de se fabriquer des souvenirs d'émotions et de bonheur pour pouvoir en vivre plus tard. Magnétisme sexuel très axé sur tout ce qui a rapport à la poitrine et aussi, inconsciemment, à la maternité. Difficulté de différencier la séduction et la maternité.

Lion : C'est le signe du rayonnement extérieur et intérieur. C'est le signe qui est en rapport avec l'éducation et la formation de tout ce qui est venu de l'amour, que ce soit enfants, œuvres littéraires, création, etc.… La passion est évidemment intransigeante, en ce sens qu'elle ne supporte, en aucune façon, une altération des sentiments. Magnétisme sexuel extraordinaire du félin. Besoin de séduire, chevelure souvent extraordinaire, dos hypersensibles, colonne vertébrale très réceptive. Passion rayonnante.

Vierge : C'est le signe des choses humbles et des servitudes de l'amour. C'est le signe de l'entretien de la maison, des tâches ingrates mais essentielles. Générosité et dévouement. Passion qui, si elle est repoussée, meurt à jamais. Magnétisme sexuel parfois inhibé qui arrive mal à s'exprimer. Besoin de défoulement, conscience très difficile à assumer avec une vie affective et sexuelle heureuse. Grande sensibilité aux petites choses et aux détails de la tendresse. Passion dévouée.

Balance : Le signe de la Balance est en relation directe avec la recherche d'un autre être. Cette recherche l'occupe souvent pendant des années. Le natif de la Balance recherche la tendresse et une présence constante. Il ne peut supporter aucune forme de solitude. Il aimera hâtivement plutôt que d'être seul. Magnétisme sexuel très grand, mais souvent vécu d'une façon inconsciente. Plusieurs natifs et natives de la Balance réalisent trop tard ce qu'ils auraient pu être ou faire. Sensibilité dans la région des reins, de l'extrémité de la tête et des pieds. Passion enivrante.

Scorpion : Le signe du Scorpion est en relation directe, sur le plan sexuel, avec la transcendance et la déchéance. Le natif du Scorpion se lie d'une façon physique immatérielle ; il ne peut lier les deux facilement. Il est très conscient du début et de la fin d'une liaison. Il saisit aisément les idées non exprimées. Il peut être tout aussi bien froid que chaud. Magnétisme sexuel omniprésent qui impose sa loi aux autres. Grande sensibilité de la région génitale et surtout des humeurs intérieures hormonales. Passion fulgurante.

Sagittaire : Le signe du Sagittaire représente en amour le besoin de réaliser l'impossible, d'atteindre l'inaccessible, de ne pas se contenter de tourner autour des mêmes choses et des mêmes êtres toute sa vie. Le natif de ce signe fuit la facilité ou la trop grande simplicité, est exigeant moralement. Magnétisme sexuel qui tient souvent à l'allure, aux habits aux couleurs chatoyantes et au besoin de séduire. L'indifférence vient rapidement après la conquête et est suivie d'une évolution vers d'autres zones que le physique. Passion exilante.

Capricorne : C'est le signe du sens de la responsabilité. Le natif du Capricorne est confiant qu'on l'aimera tôt ou tard et que la maturité lui donnera raison. Il ne vit pas son amour dans l'éclat, mais dans la profondeur, la solidité et l'absence de frivolité. Magnétisme sexuel qui prend sa valeur et son intensité réelle dans la dernière partie de la vie. Beauté qui se révèle à travers plusieurs épreuves ; chez lui, les rides ont une beauté particulière. Magnétisme sexuel dans une démarche calme mais rassurante. Passion entreprenante.

Verseau : C'est le signe de l'immatériel, de la vitesse, de la légèreté, de la passion transcendante qui se répand aux quatre coins du monde. Magnétisme sexuel qui fait l'effet d'une boule de feu : on est séduit ou on ne l'est pas ; tout se passe dès le premier moment. Sensibilité extrême du système nerveux et des jambes. Importance de l'environnement sonore. Passion exaltante.

Poissons : C'est le signe des confidences et de l'apaisement des souffrances par les aveux ou la compréhension. La passion du natif des Poissons est intérieure ; elle connaît la souffrance et exige la paix pour s'extérioriser. C'est une passion discrète parfois même secrète, subtile et spirituelle, mais qui peut s'évanouir rapidement lorsqu'elle est incomprise. Magnétisme sexuel qui vient surtout de la vie intérieure et de la beauté de l'âme. Grande sensibilité aux atmosphères et à tout ce qui est ressenti de façon aiguë. Passion sanctifiante.

Aux signes de feu est donné l'élan de l'amour : Au Bélier par la rencontre, au Lion par le rayonnement et au Sagittaire par le sens du dépassement.

Aux signes de terre est donné l'entretien de l'amour : Au Taureau par la nourriture, à la Vierge par les soins et au Capricorne par la certitude.

Aux signes d'air est donné l'expression de l'amour : Au gémeaux par l'expression orale, à la Balance par l'expression esthétique et au Verseau par l'expression universelle.

Aux signes d'eau est donnée la perpétuation de toutes les formes de l'amour : Au Cancer, par les soins donnés aux êtres qui naissent, au Scorpion par l'accueil dans un autre monde des gens qui meurent et au Poissons par la connaissance des secrets des gens qui ont vécu et qui sont morts.

Il suffit maintenant que vous regardiez votre signe solaire et votre signe ascendant et que vous combiniez les deux pour voir le genre de magnétisme sexuel que vous possédez et celui auquel vous êtes le plus sensible chez les autres.

CHAPITRE 26

LES PLANÈTES

Chaque planète détermine certaines caractéristiques de l'amour et de la passion.

Soleil : Amour rayonnant. Besoin de dire qui on aime et besoin d'afficher à la face du monde son bonheur ou son malheur. La passion solaire est exigeante, car elle ne tolère, en aucune façon, les mièvreries et encore moins les peurs. C'est le magnétisme sexuel de la séduction au grand jour, sans histoire et sans hypocrisie. Beauté du visage, santé physique et mentale. Passion déclarée.

Lune : Dévouement maternel, l'entretien de la maison et du « home » que l'on crée pour ceux que l'on aime. Ne supporte pas le vide. Magnétisme sexuel qui est lent à découvrir, souvent masqué sous des apparences de pudeur et qui agit d'une façon marquée dans la jeunesse, mais dont la personne ne tire pas d'orgueil. Passion féconde.

Mercure : Passion qui passe nécessairement par l'intelligence et l'excitation du système nerveux. Aime la jeunesse et la beauté. Ne tolère, en aucune façon, le vieillissement moral. Magnétisme sexuel dans lequel jouent l'esprit, la finesse, la rapidité et surtout le besoin de rester jeune. C'est le sex-appeal de ceux qui ne vieillissent pas. Passion intelligente et amusante.

Vénus : Tendresse, beauté, charme, mais aussi incapacité de supporter de ne pas être aimé. Magnétisme sexuel le plus recherché dans l'univers en ce sens qu'il est beau, calme et rassurant. C'est la beauté pour la beauté. Passion séduisante.

Mars : Émotions violentes, souvent très physiques, conquérantes. Ne supporte, en aucune façon, la résistance et encore moins l'oubli. Passion bruyante et explosion de sensualité. Séduction brutale et exigeante qui supporte mal l'échec. Aime les habits de cuir noir, la démarche audacieuse et, souvent, la vitesse. Passion captivante.

Jupiter : Sentiments qui ont besoin de sérieux, de certitude et de stabilité pour s'épanouir. Passion qui a besoin d'honneur, de dignité et d'une certaine forme d'extériorité pour survivre. Dans la séduction, exagération, goût des extrêmes qui réussit bien auprès des timorés. Passion glorifiée.

Saturne : C'est le signe de la passion discrète qui s'intériorise et cherche la sécurité intérieure. Demande constamment, dans le quotidien, de grandes preuves d'amour et ne peut supporter la frivolité. Magnétisme sexuel du silence, de la discrétion et de la retenue qui n'impose jamais son désir. Magnétisme sexuel qui fait effet à long terme, lorsqu'il agit. Passion solide.

Uranus : Sentiments explosifs, dans l'immédiat, pour le meilleur et pour le pire. Passion qui bouleverse, qui dédaigne la sécurité et ne se soucie pas de l'avenir. Magnétisme sexuel de jeunesse actuelle, qui s'habille à sa façon, ne veut rien savoir des normes du passé. C'est le magnétisme sexuel de l'immédiat, où le système nerveux entre en ligne de compte de façon incroyable. Passion solide.

Neptune : Sentiments vécus au niveau de l'âme, souvent complexes. Passion qui passe toujours par les impressions, les sensations et perçoit mal le concret, jugé comme étant sans importance. Passion qui rapproche l'être du surnaturel, dans le bien ou le mal. Magnétisme sexuel indécis qui accorde une plus grande importance aux impressions qu'au vécu. Passion subtile.

Pluton : Passion totale. Passion qui fait connaître aux êtres leurs limites et fait ressentir ce qu'il y a de meilleur ou de pire chez un individu ou un couple. Passion violente en ce sens qu'elle ne veut donner aucune explication logique à ce qui est vécu ; mais elle est aussi révélatrice, parce qu'elle va directement à la vérité et fait découvrir à une personne sa vraie nature et son but.

Le magnétisme sexuel du Soleil passe par le cœur ; celui de la Lune, par la générosité ; celui de Mercure, par le raffinement de l'intelligence ; celui de Vénus, par le raffinement des sens ; celui de Mars, par l'impulsion de conquérir ; celui de Jupiter, par l'inflation amoureuse et sexuelle ; celui de Saturne, par le silence et l'intériorisation ; celui d'Uranus, par l'exagération et le choc qu'elle provoque ; celui de Neptune, par le regard intérieur et la subtilité ; celui de Pluton, par la présence de l'infini d'une façon extraordinaire et terriblement difficile.

Au cours d'une vie, nous avons à affronter différents aspects des planètes qui orientent notre vie amoureuse et sexuelle. Les aspects du Soleil nous exaltent ; ceux de la Lune nous font rêver ; ceux de Mercure nous font apprécier mentalement les choses ; ceux de Vénus nous font perdre la tête sur le plan sentimental et sensuel ; ceux de Mars nous font nous fixer un but d'une façon absolue face à l'amour et à la sexualité ; ceux de Jupiter nous amènent beaucoup plus loin que notre raison ; ceux de Saturne nous obligent à réfléchir et à nous arrêter momentanément dans la course folle de la vie amoureuse et sexuelle et nous apprennent l'intériorité et la valeur réelle des choses ; ceux d'Uranus nous bouleversent au plus profond de nous-mêmes en nous apportant des dimensions jusqu'alors inconnues, mais plus sécurisantes ; ceux de Neptune nous font découvrir une émotivité intérieure mais presque inaccessible, nous font voir la vie soit sous un angle de haute libération, soit avec une nonchalance épouvantable ; ceux de Pluton nous mettent face à nous-mêmes et nous révèlent le pourquoi profond de notre existence amoureuse et sexuelle.

Les aspects au cours d'une vie et au cours d'une année déterminent, chez une personne, des bouleversements intérieurs très grands. Les aspects les plus importants pour la sexualité et l'amour sont ceux d'Uranus, de Neptune et de Pluton. Uranus, par les découvertes qu'il facilite, Neptune, par le cheminement qu'il détermine et Pluton, par la vision qu'il oblige à avoir.

CE QUE NOUS RÉSERVENT LES PLANÈTES AU POINT DE VUE ÉVOLUTION AMOUREUSE ET SEXUELLE

Le Soleil : Personnifie l'élément masculin créateur et il est maintenant remis en question. De plus en plus, il aura à partager sa place avec la Lune, c'est-à-dire que l'élément masculin aura à tenir compte de l'opinion et de la façon de vivre de l'élément féminin. Tout ce qui est royaume, tout ce qui est gouvernement et tout ce qui n'est pas basé sur l'égalité et l'union saine et juste s'étiolera peu à peu et se verra transformé, pacifié ou alors connaîtra des conditions difficiles. Tout ce qui touche le monde du Soleil est lié aux sentiments. Dans les années à venir, les sentiments généraux s'individualiseront de plus en plus. Les gens voudront vivre de plus en plus une vie personnelle.

La Lune : Personnifie la femme. Tout ce qui est appelé à changer la face du monde viendra essentiellement de la femme. La maternité sera repensée totalement. Tout ce qui touche l'éducation des enfants sera vu sous un autre angle. Tout ce qui a trait à la sexualité féminine sera l'effet d'une bombe, en ce sens que nous nous rendrons bientôt compte que nous ne connaissions rien dans ce domaine. Tout est à découvrir. Cependant, la femme sera appelée à assumer des responsabilités beaucoup plus grandes que par le passé. Ce qui concerne la Lune touche aussi la masse ; les peuples auront de plus en plus de revendications, aspireront à une vie dans laquelle la paix et l'amour auront une grande place. Des femmes du monde entier exigeront des mesures beaucoup plus justes, plus équitables pour la maternité et l'éducation des enfants.

Mercure : Étant la planète de l'intelligence et aussi des écrits, tout ce qui tient de Mercure engendrera de grands écrits sur la sexologie et mènera à des découvertes scientifiques extraordinaires qui permettront aux gens de communiquer de plus en plus entre eux, de se comprendre et de parler de la sexualité d'une façon tout à fait nouvelle. Tout ce qui concerne l'adolescence, l'éveil de l'amour et de la sexualité chez les adolescents sera vu avec une grande ouverture d'esprit et beaucoup de problèmes graves pourront être évités à ce moment-là, parce qu'ils seront réglés à leur source.

Vénus : Touchant essentiellement toutes les formes d'amour, tout ce qui se rapporte à Vénus sera toujours immortel, parce que les gens aimeront toujours et seront toujours aimés. Cependant, les formes d'amour se modifieront beaucoup et on verra une plus grande liberté et un plus grand sens des responsabilités. L'esthétisme et la notion de charme changeront beaucoup aussi. De plus en plus, les femmes refuseront d'être un objet sexuel et la mode deviendra de plus en plus individuelle.

Mars : Tout ce qui concerne la planète Mars rejoint l'agressivité et ce qui est agressivité passe souvent par le viol. Dans l'avenir, tout ce qui a trait au viol sera repensé, modifié et même appelé à disparaître complètement de la planète. Des découvertes scientifiques extraordinaires toucheront les formes d'agressivité des humains et, de plus en plus, la notion voulant que les femmes soient responsables des viols dont elles sont victimes disparaîtra, parce que la femme deviendra un être humain à part entière et ne tolérera plus cette accusation.

Jupiter : Cette planète détermine les lois humaines ou, du moins, la hiérarchie dans laquelle sont placés les gens. Nous irons vers une forme de vie, sous l'égide de Jupiter, qui donnera sa chance à chacun et qui accordera une égalité de droit à la naissance. Ainsi, les lois régissant l'amour et la sexualité changeront de plus en plus. Cependant, Jupiter n'a pas les mêmes effets aux quatre coins du globe, car il y a des pays où une chose est condamnable et d'autres où elle est valorisée. Cela évoluera dans l'avenir, surtout au niveau des émotions et de la conscience.

Saturne : Tout ce qui a trait aux aspects de Saturne touchera, dans les années à venir, la vie affective des êtres, mais d'une façon très condensée. Les gens voudront vivre des choses très sérieuses mais sous un autre angle que celui que nous avons connu jusqu'ici. Les jeunes auront une maturité précoce très grande. Les gens auront un respect nouveau de la naissance et de la volonté des êtres.

Uranus : Cette planète nous apportera, dans les années à venir, de grands bouleversements. Les minorités sexuelles, la prostitution et tout ce qui concerne le côté caché de la sexualité éclateront au grand jour. On parlera ouvertement des choses qui étaient taboues. Le système nerveux des gens se développera et ils comprendront de plus en plus que la vie, pour être heureuse, doit être, avant tout, individuelle.

Neptune : Cette planète nous apportera, dans les années à venir, beaucoup de mélange de nationalités. Elle resserrera les liens psychiques des gens du monde entier. La communication télépathique se fera de plus en plus et les gens s'aimeront d'une façon beaucoup plus subtile et beaucoup plus intérieure qu'aujourd'hui. Neptune nous apportera une grande intelligence des sentiments de l'amour.

Pluton : Cette planète apportera une nouvelle façon de vivre, de voir et surtout de comprendre l'importance de la sexualité dans la vie. Les gens feront des découvertes extra-ordinaires dans leur capacité de comprendre, de communiquer et de transcender la sexualité.

Dans les années à venir, de plus en plus, s'établiront des liens indestructibles et télépathiques entre ceux qui s'aiment. Le lien entre la vie, la mort et l'amour sera révélé. La communication télépathique entre les amants sera très forte. Ainsi, un amant séparé de son ou sa partenaire pourra ressentir à distance ses émotions et même s'apercevoir que celui-ci vient de trépasser. Évidemment, l'amour véritable sera la condition nécessaire à ce type de communication. Pluton, dans les années à venir, apportera aussi une valorisation très grande de la maternité, et la sexualité et l'amour progresseront considérablement. Des découvertes extraordinaires sont à prévoir.

CHAPITRE 27

L'AMOUR INTERPLANÉTAIRE

Un jour, l'amour eut l'impression d'être absent sur la terre. Il voyait des gens qui vivaient toutes sortes d'émotions et qui ne disaient jamais je t'aime. Alors, l'amour entreprit un voyage interplanétaire dans le zodiaque affectif et voulut comprendre si la planète Terre était la seule à vivre.

L'amour entra dans le signe du Bélier. C'est que, dans ce signe, dans ce coin du zodiaque, les gens s'aimaient avec tellement de fureur et se chicanaient avec tellement d'habileté qu'il se dit : « Cela ne se peut pas, moi qui désire la paix, je suis en face de gens qui prétendent s'aimer et qui se battent, se déchirent, pour ne pas dire s'entre-tuent ». Dans le signe du Bélier, dans cette contrée du ciel, les gens se querellent à propos de tout et de rien mais s'aiment à la folie, disaient-ils. Tout était prétexte à des batailles et aussi, à des réconciliations. L'amour se dit : « Il faudrait que je leur accorde la paix, mais quoi faire ? »

En arrivant dans le signe du Taureau, l'amour fut frappé par la dimension matérielle des choses : Je t'ai donné ceci, je t'ai prêté cela ; te souviens-tu de ceci, te souviens-tu de ça ? L'amour ne savait pas comment s'adapter à de telles revendications, puisqu'il se veut gratuit. Alors, l'amour fut stupéfait de constater la jalousie, la possessivité et toute la souffrance que cela engendre. Tu m'aimes moins qu'autrefois, tu préfères telle personne à moi, etc. L'amour eut beaucoup de peine de constater que, dans cet espace du ciel, la jalousie et la vie matérielle brisaient tout.

En arrivant dans l'espace des Gémeaux, l'amour eut enfin un allégement de toutes ces souffrances. Ici, on riait mais on parlait trop ; on parlait du passé, du présent et de l'avenir. Tout le monde avait besoin de dire qu'ils ressentaient des émotions contradictoires. Je l'aime mais je ne l'aime pas en même temps. J'en aime deux en même temps, je ne sais plus quoi faire. L'amour devant tant de dualités se dit : « Moi qui me désire libre, comment leur apprendre qu'à aimer trop de choses en même temps, on les perd toutes ? Et aussi, comment leur apprendre que des sentiments si contradictoires, mais qui ont leur raison d'être, conduisent peut-être à une forme de vérité mais sont très épuisants ? »

En arrivant dans l'espace du Cancer, l'amour trouva de très belles maisons bien décorées, bien belles pour accueillir toutes les formes d'affection ; c'était magnifique. Il y avait aux fenêtres des rideaux avec des cœurs et, sur la table, toujours de la bonne nourriture et beaucoup d'affection. Mais l'amour constata que, dans cet espace du ciel, les gens avaient tellement besoin de protection et de sécurité que parfois, ils avaient du mal à aller ailleurs et que cette sécurité était une forme subtile de domination.

En arrivant dans le signe du Lion, l'amour fit presque face à lui-même. Dans le signe du Lion, les choses étaient superbes, les choses étaient magnifiques et l'amour trouva que c'était extraordinaire dans tout ce qu'il y avait ici. Les gens n'arrêtaient pas de se donner des preuves d'amour et n'arrêtaient pas, surtout, d'exagérer tout. Ce n'était pas le manque d'amour qui faisait la douleur mais l'exagération. Mais l'amour se dit qu'à exagérer, il n'y peut rien faire.

Dans le signe de la Vierge, l'amour eut de la souffrance morale. Il vit des gens qui, toute leur vie, s'ingéniaient à rendre les autres heureux, par de menus détails, par de subtiles actions, mais il vit que peu de gens réalisaient ce qu'ils faisaient et vit surtout que les gens faisaient faire à cet espace du ciel tout ce qu'ils ne voulaient pas faire, mais c'était souvent sans grande reconnaissance ou sans grand respect et cela était triste pour l'amour.

Dans le signe de la Balance, l'amour vit une immense, immense capacité d'aimer mais une immense angoisse aussi, car les gens ne savaient pas s'ils avaient rencontré le bon ou la bonne partenaire. Alors, ils s'inquiétaient et se disaient toujours : Si on aime comment garder cet amour et comment trouver quelqu'un. Dans le signe de la Balance, c'était comme une immense agence de sentiments mais qui avait bien du mal à bien s'agencer.

Dans le signe du Scorpion, l'amour vit l'intensité à l'état pur. Il vit l'affectivité dans ce qu'elle a de plus grandiose mais aussi dans ce qu'elle a de plus douloureux. Il vit aussi que, dans ce signe, rien ne pouvait rester caché. C'était comme si une subtile connaissance occulte des choses planait dans l'atmosphère. Et c'est alors que l'amour comprit que ce signe est voué à l'éternité mais aussi à ce qui est le plus infernal. C'était l'espace dans lequel les gens avaient la connaissance intuitive innée de l'amour ou du non-amour. On ne pouvait rien leur faire croire. L'amour trouva cela très intéressant mais se dit qu'ils devaient beaucoup souffrir.

Dans le signe du Sagittaire, l'amour trouva tout simplement que les gens se préparaient toujours à voyager et qu'ils allaient toujours ailleurs mais en ignorant ce qui se vit ici. L'amour vit aussi de très grands idéaux et se demanda comment faire pour les réaliser. C'était magnifique et rien dans ce signe n'était mesquin mais tout était presque impossible.

Dans le signe du Capricorne, l'amour fit face à la fidélité. Il fit face au besoin de durée, de permanence et de franchise, mais il comprit aussi l'exigence de tout cela et sut, d'instinct, que ce n'était pas tout le monde qui était digne d'aborder ce sujet. L'amour sut aussi que si cela est une preuve d'amour que le temps qu'on passe ensemble, il vit aussi que parfois, c'est par un manque de sécurité que l'on donne tant d'importance au temps. Mais l'amour, dans l'espace du Capricorne, était quelque chose de presque muet, de très intérieur et aussi de très beau, mais de très silencieux, tellement silencieux qu'il fallait comprendre sans parole.

Dans le signe du Verseau, l'amour fut stupéfié par l'amitié qui y régnait ; tout le monde s'aimait et tout le monde avait des droits égaux et personne n'avait l'impression de donner plus d'importance à l'un qu'à l'autre. L'amour sut que ce pouvait être une erreur, car si l'on choisit quelqu'un, il faut lui montrer qu'on l'aime davantage aux autres. Mais il y régnait des milliers de projets pour embellir la vie, pour restructurer les choses et l'amour comprit que cette forme d'amitié universelle était aussi une forme d'amour.

Dans le signe du Poissons, l'amour vit le dévouement à l'état pur. Il vit que des gens se dévouaient dans des hôpitaux, dans des prisons, dans des lieux de souffrance. Il vit aussi des gens qui intuitionnaient à distance ce que les autres aiment et ce que les autres n'aiment pas, ce que les autres souffrent et ce que les autres vivent. L'amour fut tellement ému dans cette capacité télépathique de se propager lui-même qu'il sut aussi et comprit très vite que tel dévouement et telle compréhension des autres sont parfois méprisés et souvent incompris.

Mais l'amour garda un bon souvenir de ce signe et, peu à peu, l'amour parla à la Terre par le cœur des humains. Il leur fit comprendre qu'il y a plusieurs façons d'aimer, que toutes ont leur valeur mais que le cœur est dominé par le signe du Lion et qu'il règne tant dans le monde visible et que l'intuition, dominée par le signe du Poissons, se tait dans ce monde visible. Il fit comprendre peu à peu aux générations nouvelles et espère que les générations futures le comprendront, que si l'amour est impalpable, l'intuition en est la signature, que si l'amour est exaltation, la dignité en est le commencement et la fin. Alors, l'amour se dit que si, momentanément, sur la terre, il avait l'air d'être absent, peu à peu, par la subtilité du bien des planètes et des signes du zodiaque, de ces espaces sacrés du ciel, il reviendrait dans le cœur des humains, mais dans une forme nouvelle et une dimension infinie.

Il sut aussi que ce renouvellement s'imposerait dans le cœur des humains sans distinction de race, de sexe et de classe sociale. Il sut qu'il serait si éclatant à son retour que tous les mauvais souvenirs du passé, du temps où l'amour était trafiqué de mille façons, s'effaceraient et que, peut-être, comme lui qui est immortel, les humains accéderaient à une forme d'immortalité.

CHAPITRE 28

MARGINALITÉ

LA PROSTITUTION

Tout ce qui se rapporte astrologiquement à la prostitution est expliqué de façon claire dans le zodiaque en repos, par le fait que le signe du Taureau est opposé au signe du Scorpion. Taureau : argent ; Scorpion : sexe. Cela explique aussi, de façon douloureuse que, dans la vie, on a souvent l'un l'autre, mais rarement les deux ensemble. Le Soleil du Taureau, le monde de l'argent a pour dominante la Lune et Vénus. Le monde du sexe, le Scorpion, a pour dominante Uranus et Pluton, ce qui veut dire sexualité comme telle, sans sentiment et malheureusement limitée par l'aspect Uranus de la vitesse.

Le fait que la prostitution soit inscrite dans l'axe Taureau-Scorpion, qui se trouve au carré de l'axe Lion-Verseau, explique, par le carré du Taureau au Lion, qu'elle est dénuée de sentiments. Et le fait que le Taureau-Scorpion soit au carré du Verseau explique que cette profession a été le cadre d'une exploitation éhontée au cours des siècles et qu'elle est demeurée statique. En effet, il y manque l'aspect de dématérialisation du Verseau, c'est-à-dire l'aspect d'idéal. La prostitution, passant par l'axe de la matière en négligeant l'axe du cœur, devient nécessairement quelque chose de rapide et de bref et une comédie que se jouent deux person-

nes qui pensent gagner quelque chose. Mais elles n'y ga-
gnent, rien parce que le Scorpion, dominé par Uranus et
Pluton, veut que l'argent gagné soit vite dépensé. Il en tire
rarement un profit véritable.

Plusieurs scandales et bien des faits tenus cachés jusqu'ici
seront révélés et il est possible que cela soit le dernier ressac
d'un océan de tumultes et de peines. Dans la prostitution,
il y a négation du cœur, à cause du carré du Lion et de
Pluton. La négation de l'illusion domine le Scorpion. Ainsi
Pluton, dominant le Scorpion opposé à la Lune et à Vénus,
planète dominante du Taureau, se veut être une sexualité
sans illusion : On vit dans le présent, on donne, on reçoit
et on ne rêve pas d'un avenir qui, souvent, sert de monnaie
d'échange dans une relation physique. Cela est assez tragique et froid mais c'est ainsi.

Sur le plan du zodiaque, la prostitution est assez grave,
car elle implique une contradiction incroyable.

Avec de l'argent, on croit acheter ce qui ne s'achète pas :
l'amour, le cœur et la puissance sexuelle. Tout cela est
donné par le hasard qui ne tolère pas qu'on veuille le déjouer
en cette matière. Il est triste de constater que les femmes qui
pratiquent ce métier soient, même dans la richesse, toujours
victimes, en ce sens que ce sont toujours elles qui ont des
ennuis légaux, alors que leurs clients s'en tirent sans problème.

Cependant, la fin de tout reste digne et belle. En effet,
la mort domine le signe du Scorpion, comme c'est le cas
pour le sexe ; elle ne se laisse pas acheter. Rien ne peut la
retarder ; elle attend son heure. Aucune forme de prostitution ne la domptera, car les formes de prostitution sont
appelées à mourir.

C'est là le mot de la fin car, au-delà des jugements humains et de nos conceptions du bien et du mal, la mort impose sa loi et nous dit qu'ailleurs, nos regards seront dans l'obligation de s'abaisser en silence, car ce qui se voit est petit à côté de ce qui ne se voit pas.

LES MINORITÉS SEXUELLES

Les minorités sexuelles font parler d'elles. Le fait d'appartenir à une minorité sexuelle n'est ni un bien, ni un mal ; c'est un fait, voilà tout. Uranus, Neptune et Pluton signent toujours la carte du ciel des gens qui appartiennent à une minorité sexuelle, si on s'en tient strictement à l'aspect sexuel des planètes. Une personne appartient, bien sûr, à un sexe physique, mais elle peut avoir une carte du ciel qui détermine un sexe psychique autre. Lorsque cela sera compris, admis et respecté, l'humanité sera sur le point de vivre une très grande évolution, car elle comprendra enfin que le Soleil et la Lune, le masculin et le féminin, ne sont ni supérieurs, ni inférieurs. C'est ce qui se passe à l'intérieur d'un être, loin du regard des autres, qui est sa vérité. Le reste n'est que comédie, apparence et, à la longue, ennui et désenchantement. Plusieurs hommes ont des planètes féminines dominantes, ce qui leur donne une grande réceptivité et fait taire le proverbe qui veut que seules les femmes aient de l'intuition. Plusieurs femmes ont des planètes masculines en évidence, ce qui leur donne le sens de l'action et de la créativité. Mais il y a plusieurs formes de créativité et la créativité sexuelle d'un être lui est propre et n'admet aucune intervention extérieure, quelle qu'elle soit, sans engendrer de névrose et de psychose graves.

De tout temps, les minorités sexuelles ont été tantôt condamnées, tantôt ridiculisées, tantôt ignorées. Quelle que soit la forme de pensée religieuse, politique ou sociale du monde, d'un pays ou d'une caste, on ne peut négliger les minorités sexuelles. La force ou la faiblesse d'un pays se juge à la façon dont il regarde et comprend les minorités, de quelque ordre qu'elles soient. Pourtant, curieusement, plusieurs formes de minorités sont acceptées, qu'elles soient raciales, religieuses ou sociales. Mais lorsqu'il s'agit des minorités sexuelles, elles deviennent agressives, indifférentes ou stupidement critiques. Les minorités sexuelles, dont je vous parlerai en rapport avec l'astrologie, sont l'homosexualité, la bisexualité et la transsexualité. Et, pour finir, je vous parlerai astrologiquement des minorités sexuelles au sein de l'hétérosexualité.

L'HOMOSEXUALITÉ

L'homosexualité a toujours été un sujet de discussion, tantôt considéré gravement, tantôt tourné en ridicule. Sur le plan astrologique, les choses doivent être remises à leur vraie place, c'est-à-dire que rien n'est absolument grave et, surtout, rien n'est ridicule. L'astrologie démontre que tout être humain est, au départ, d'une certaine façon, assez ambivalent, en ce sens qu'un homme peut avoir une dominante planétaire masculine ou féminine et une femme peut avoir une dominante planétaire féminine ou masculine.

L'HOMOSEXUALITÉ DU POINT DE VUE ASTROLOGIQUE

Il existe deux formes d'homosexualité : l'homosexualité inconsciente et l'homosexualité consciente.

L'homosexualité inconsciente, chez l'homme, peut résulter d'un amas planétaire en grande partie féminin, mais dont il ne prendra jamais conscience à cause de son milieu social et de son éducation. Alors, de façon inconsciente, il détestera les femmes, s'en servira bêtement, tout en gardant le meilleur de lui-même, c'est-à-dire sa vie intellectuelle et émotive pour les camarades. Il peut démontrer, à ce moment-là, son émotivité et son affectivité en groupe et réserver, pour la femme de sa vie, une image virile et souvent agressive. La société encourage ce genre de rapport.

La personne dont l'homosexualité est consciente a des aspects planétaires d'homosexualité. Elle ne joue de comédie ni à elle-même ni aux autres. C'est ainsi. Il existe aussi des hommes minimes. Socialement, ils se sentent à l'aise dans les comportements féminins et ils sont de plus en plus acceptés. La transsexualité deviendra certainement chose normale un jour. On ne comprendra pas alors que l'on a pu, dans le passé, juger, parce qu'on s'enfermait dans une attitude négative. On reléguera le tout aux oubliettes et chacun apprendra à vivre selon sa conscience propre, laissant les autres vivre selon la leur.

L'homosexualité est très bien définie astrologiquement. Tout se joue autour des aspects planétaires et pas seulement au niveau des dominantes.

Un homme peut avoir une dominante lunaire ou vénusienne, sans pour autant être homosexuel. Cependant, la société n'est pas prête à comprendre ce genre de comportement, lequel implique une forme de passivité pour l'homme.

Une femme peut avoir une dominante solaire et marsienne, sans pour autant être lesbienne. Encore une fois, le milieu social n'est pas en mesure de saisir la nuance que cette dominante implique dans la compréhension d'une femme. On l'accusera d'être souvent castratrice, alors qu'elle ne demande que sa part de réussite dans la vie.

Il y a toutes sortes d'homosexualité planétaire et Pluton, planète des secrets, fait que plusieurs personnes cachent aux autres et à elles-mêmes ce qu'elles sont réellement. Mais plusieurs, n'ayant pas d'aspects planétaires trop compliqués, vivent ce qu'elles ont à vivre dans la paix, avec elles-mêmes et les autres.

Pour ce qui est de l'homosexualité inconsciente, la Lune prend le pas sur le Soleil. Quant à l'homosexualité consciente, le Soleil prend le pas sur la Lune. Il n'y a pas de signe du zodiaque qui soit propre à l'homosexualité ; c'est plutôt un mélange de facteurs planétaires.

Les planètes Vénus et Mars, dans la configuration formée avec les autres planètes, jouent un grand rôle dans l'orientation sexuelle. Vénus et la Lune, aspects à des planètes qui les rendent trop féminines, donneront chez un homme un psychisme féminin, ce qui le fera rechercher soit des femmes à caractère masculin, s'il est hétérosexuel, soit des hommes qui le domineront dans un cas d'homosexualité. Si un homme a des aspects planétaires d'homosexualité, mais que son Soleil et Mars sont plus forts que sa Lune et Vénus, l'aspect actif, donc mâle, dominera. Cependant, certains êtres ont, dans les aspects planétaires de leur carte du ciel, des aspects de complication affective et sexuelle dont ils ne voient que difficilement les conséquences. L'incompréhension les fait souffrir.

Si l'homosexualité est jupitérienne, la personne concernée en fait étalage et alimente même, dans certains milieux, un certain snobisme. Si elle est saturnienne, cette homosexualité est vécue d'une façon solitaire, intérieure et peu connue. Si elle est uranienne, elle explose et devient le moteur même de la création. Si elle est neptunienne, c'est l'homosexualité d'une personne qui se cherche, ne sait pas, ne comprend pas et dont la vie sexuelle est absolument commandée par sa vie intérieure. Si c'est l'homosexualité plutonienne, c'est l'homosexualité dans ce qu'elle a de plus vif, de plus cruel envers soi-même et envers les autres ; elle est sans appel. On ne triche en rien. Pour un homme, le fait d'avoir des planètes à dominante lunaire l'incitera à aimer des êtres plus forts que lui moralement et souvent physiquement. Si la dominante est solaire et que le reste du thème confirme l'homosexualité, il aimera se sentir fort près d'un être faible.

HOMOSEXUALITÉ FÉMININE

L'homosexualité féminine a été longtemps rejetée car, vivant sous un règne solaire, tout ce qui était féminin avait peu d'intérêt. La Lune prend ici toute la place. Que deux femmes s'aiment, cela a toujours été critiqué ou banni. Le règne solaire y voyait une menace, alors que le règne lunaire y voit un transcendant. La Lune change de visage quatre fois par mois. Deux moitiés de Lune qui se rencontrent font une plénitude. Mais dans un univers de sexualité féminine, les choses ne sont pas si simples. Certaines femmes ont une dominante Lune-Vénus. Et si le reste de la carte du ciel donne des tendances homosexuelles, elles rechercheront la compagnie de femmes à dominante lunaire ou celle de femmes à tendance marsienne et solaire.

Chez les femmes comme chez les hommes, il y a plusieurs formes d'homosexualité. Si elle est jupitérienne, la personne peut y trouver des avantages extérieurs. Si elle est saturnienne, tout est vécu de l'intérieur et souvent, la personne a un jugement erroné sur elle et sur les autres. Si elle est uranienne, elle va, à tout vent, semer ce qu'elle veut vivre et ne se complique pas la vie. Si elle est neptunienne, elle passe alternativement par une période de paix et de doute, mais elle peut vivre aussi à la fois un état d'angoisse et un état de grâce. Si elle est plutonienne, la personne connaît, par intuition, la vérité au sujet de tout et conquiert beaucoup de gens au cours de sa vie ou alors elle préfère une solitude dans laquelle seuls les êtres d'exception peuvent pénétrer.

Les planètes Lune, Vénus et Mars ont, selon les aspects qu'elles forment avec les autres planètes dans la carte du ciel, une grande importance dans la vision de l'hétérosexualité et de l'homosexualité. Cependant, elles n'incitent pas aux mêmes critères de valeur dans les cas masculins. Vivant dans un règne solaire, l'homosexualité masculine a été vue comme raffinement ou dégradation. Dans les deux cas, c'est une erreur, car c'est résumer trop facilement un problème aussi complexe.

La Lune et Vénus, planètes féminine, surtout dans le cas de la Lune, commencent à prendre une grande importance dans notre société. L'homosexualité féminine a toujours été passée sous silence ou décriée. Ces attitudes sont maintenant discutées ouvertement et l'on dépasse, comme critère de valeur, l'idée trop limitée qui consiste à voir les êtres d'une façon uniquement sexuelle, au lieu de les considérer dans leur entière autonomie physique et morale. Arrivera bientôt sur la planète Terre l'ère où l'être humain intégral passera avant l'être sexué. Une personne qui vivra avec une autre, quel que soit son sexe, vivra pleinement la dimension d'universalité, qui comprend la partie féminine et la partie masculine totalement assumées.

L'être profond d'une personne est dévoilé à l'astrologue qui constate que des milliers de gens mutilent une partie d'eux-mêmes inutilement. Il faut laisser coexister l'inspiration, la force et la faiblesse, car chaque personne sur terre, en grande ou en petites doses, est un mélange divin de tous ces éléments.

LA TRANSSEXUALITÉ

Il peut arriver qu'une personne appartienne à un type physique déterminé et qu'elle se sente cependant en accord avec tous les caractères sexuels, affectifs et émotionnels d'un autre type sexuel. Si elle est en recherche d'elle-même, elle examinera si ces caractères affectifs et sexuels donnés à un type sexuel ne sont pas purement sociaux.

Certains êtres ont une telle ambivalence qu'il suffit qu'on leur refuse quelque chose pour qu'ils le désirent et qu'on le leur donne pour qu'ils le rejettent. De toute façon, à un stade plus avancé d'évolution, l'humanité lèvera le voile sur les secrets sexuels (car il ne faut pas oublier que le cosmos est représenté par le Verseau, dominé par Uranus au carré du Scorpion qui, lui, domine la sexualité et qui est aussi dominé en partie par Uranus). Alors, la conquête cosmique coïncidera avec la conquête intérieure et l'épanouissement sexuel. Viendra un moment sur la terre où plus personne n'aura le droit de se croire supérieur ou inférieur à qui que ce soit, qu'il appartienne à une caste sexuelle minoritaire ou pas. Ce qui était caché sera révélé et chaque être humain pourra vivre en accord avec lui-même et connaître le bonheur.

Ceux pour qui la transsexualisation est un succès accomplissent un acte de conscience plutonien qui ne concerne qu'eux. Leur décision sera un jour comprise et respectée et non plus condamnée.

LA BISEXUALITÉ

Il existe sur terre des êtres qui ont une équivalence solaire et lunaire presque parfaite, qui ont des aspects en force égaux à ceux de Vénus et de Mars. Ces êtres ont des aspects de Mercure, de Neptune, de la Lune et du Soleil dans une trop grande force, ce qui fait qu'ils auraient pu être autant femmes qu'hommes. Ils ressentent et vivent les émotions des deux sexes. Ils peuvent autant s'abandonner que conquérir et ils peuvent autant souffrir que faire souffrir. Ils vivent très facilement d'un état marsien de conquête à un état vénusien d'abandon. ils connaissent ces deux états simultanément ou successivement. Inutile de dire que leur système nerveux est très sensible et qu'il n'est pas facile pour eux de trouver la vérité, car elle a toujours plusieurs visages. Ces êtres sont moralement très seuls même si, à première vue, on peut penser le contraire. Ils sont de tous les clans sans appartenir à aucun. Cela peut devenir un déchirement. Ils passent parfois des phases d'indifférence sexuelle très grandes suivies de passions. L'essentiel est de vivre dans la plus grande franchise possible même si, pour eux, les choses sont souvent insécurisantes.

Beaucoup sont ainsi faits mais, par sécurité intérieure, ils se classent dans un clan ou dans l'autre. Cela ne tient pas toute une vie, à moins que des aspects de Saturne cèdent leur secret et forment des habitudes de silence. Ils ont la conscience facilement troublée, car leurs sentiments s'ajustent mal à une telle étendue d'émotions. Leur vérité intérieure s'acquiert au prix d'une honnêteté toujours remise en question. Ils sont facilement sous l'influence d'Uranus, difficilement sous celle de Neptune. Dans les années qui viennent, cela sera de plus en plus compréhensible. De plus en plus naîtront des gens avec une force d'intériorité autant féminine que masculine. Ce n'est ni un mal ni un bien ; c'est ainsi, puisque la conscience universelle n'a pas de sexe.

SEXUALITÉ PARALLÈLE À L'INTÉRIEUR DE L'HÉTÉROSEXUALITÉ

Même dans l'hétérosexualité, il existe planétairement des formes de sexualité parallèle. Des êtres ayant des planètes en signe de terre ont besoin d'une sexualité fixe et fidèle. Des êtres ayant des planètes en signe double, même au sein de l'hétérosexualité, ont besoin de plusieurs expériences sexuelles et affectives pour se réaliser. On ne devrait jamais condamner cela. La seule chose qui compte est la prise de conscience et le désir sincère de ne pas faire souffrir les autres inutilement. Les aspects planétaires, passant en Gémeaux et en Scorpion dans les années à venir, on verra plus sainement certaines choses que l'on croyait mauvaises et l'on prendra conscience de certaines choses que l'on a souvent négligées.

Dans les couples hétérosexuels à dominante jupitérienne, ceux qui sont à l'échelle mondiale apparaissent toujours au-dessus de leurs affaires et, par leur présence, ils dominent leur entourage. Ceux qui sont dominés par Saturne vivent dans l'isolement et ont peur des autres. Chez ceux qui sont à dominante uranienne, la femme n'accepte aucune forme de domination de l'homme et exige les mêmes droits en tout. Si elle a une dominante neptunienne, elle accepte les compromis ou souffre secrètement ; elle ressent tout. Si c'est la dominante plutonienne, le couple est extrêmement sexuel, vit pleinement ce qu'il a à vivre et ne se fait pas d'illusions sur la durée des choses. Le sexe est la clé de sa vie, pour le meilleur et pour le pire.

LES ENFANTS

Je ne pouvais terminer un livre sur la sexualité sans parler des enfants. Les enfants sont le fruit de l'amour, dit-on communément. Mais l'évolution sexuelle devra nécessairement passer par l'évolution de tout ce qui touche la femme, la maternité et l'éducation des enfants. Prendre conscience de soi, c'est se respecter, mais c'est aussi respecter les êtres que nous créons dans notre chair.

Les enfants, pour leur part, vivront, dès leur jeunesse, une plénitude intérieure axée sur l'universel plutôt que sur un comportement sexuel et culturel, souvent inculqué de force.

Tout ce qui concerne les enfants illégitimes est maintenant vu d'un tout autre œil. La légitimité et l'illégitimité ont perdu leur valeur passée et une nouvelle forme d'adoption a vu le jour pour les enfants sans famille. Les femmes ont le loisir d'être mères à l'intérieur ou en dehors du mariage et nous voyons de plus en plus d'hommes chefs de familles monoparentales. Nous sommes entrés dans une ère de conscientisation face à la procréation et cette conscience mettra fin aux drames.

Par la dissociation que l'on a toujours faite entre le Soleil et la Lune, c'est-à-dire entre l'âme et le corps, on perdait la force vitale de créativité. Cette dissociation faisait que les femmes seules étaient chargées de l'éducation des enfants ; l'homme n'y participait guère ou seulement indirectement.

La femme et l'enfant seront les créatures bénies des années futures, en ce sens que la fécondité physique, au moment où elle manquera le plus dans certains pays, prendra une importance nouvelle. L'éducation des enfants se fera sous une toute autre base. Il n'y a plus de différence entre une célibataire et une femme mariée sur le plan social. Mettre un enfant au monde acquerra une valeur divine et un sens nouveau.

Un jour, nous seront obligés de comprendre que donner la vie est la chose la plus importante qui existe sur terre. Il est nécessaire que cela se fasse très bientôt, car plusieurs choses en dépendront.

Tout ce qui concerne le cerveau des femmes sera sujet à de grandes discussions, car ce que nous découvrirons apportera une forme d'éducation nouvelle pour tous les enfants de la terre.

Nous ne comprendrons pas que nous ayons pu penser et vivre comme nous l'avons fait pendant tant d'années passées. Tout est en grande effervescence présentement et cela continuera.

LA TENDRESSE

La tendresse est une réalité.
Elle se situe au-delà de la sexualité.
Elle est le langage
Transcendant du corps.

Je vous offre la mienne en
Espérant que cet ouvrage
Vous aura éclairé et vous aura
Aidé à aimer davantage
Ceux que le destin vous a fait croiser.

Louise Haley Minou

STATUE

Comme les statues qu'on découvre
Regardez-moi sans me toucher
Laisse-vous aller à rêver
Mais jamais mon cœur ne s'entrouvre

J'ai tout perdu, il y a longtemps
Il ne me reste que mon sang
Et je n'ai plus rien d'humain
L'indifférence est mon seul lien

Comme les statues immortelles
Venez voir ma lucidité
N'essayez pas de me parler
Ma distance est trop cruelle

N'essayez pas d'analyser
Ce qui me reste de survie
Je suis toujours à l'agonie
Et je ne cesse de méditer

J'ai été vulnérable
A l'infini
J'ai des élans inassouvis
Et d'amour, je serais capable

Si on ne m'avait pas déjà tuée
Avant que je sois déjà née
Si on ne m'avait pas déjà tuée
Avant que vous me désiriez

Les statues ont aussi une âme
Qui se tait d'immobilité
Mais elles pourraient éclater
Si un moment devenues femmes
Elles pouvaient enfin s'exiler

Louise Haley Minou

235

CRIME D'AMOUR

Parfois je m'imagine
Un crime sans victime
Un meurtre non signé
Une mort pour corps adoré

Je rêve de faire un scandale
D'un geste intégral
Une dose d'orgueil non déclaré
Une phrase à jamais condamnée

Je veux te voir disparaître
Pour mieux enfin te connaître
Avoir une existence d'image
Une photo de dernière page

Ce crime ne serait pas physique
Il serait beau et magique
Et tu mourrais exilé
De cet amour non avoué

Ce crime sans auteur
De lumière et de noirceur
Ce crime sans peur ni colère
Berce ma douleur tout entière

Il est le choc inattendu
Dans ma vie où je t'ai perdu
Ce crime est tout de mon souvenir
Ce crime sans corps est ton avenir

CRIME D'AMOUR, CRIME D'AMOUR
REGARD DE NUIT, APPEL DE JOUR
CRIME D'AMOUR, CRIME D'AMOUR
SILENCE SANS DÉTOUR,
SENTENCE SANS RETOUR

Louise Haley Minou

SON NOM

Ne pensez à son Nom
Que dans le silence
Toutes ses transes
Mènent plus loin que votre nom

N'appelez son Nom
Que dans l'amour
Depuis toujours
Il se veut la Passion

N'interrogez son Nom
Que dans la douceur
Au-delà de la peur
Il est tous les noms

Rappelez-vous son Nom
Que si tout vous désarme
Plus loin que les drames
Il sait vos vibrations

Ne vibrez à son Nom
Que dans la vérité
Car on ne peut tricher
Toute ombre est un affront

Ne comprenez son Nom
Qu'au cœur de votre vie
Car pour votre survie
Il est le seul vrai Nom
Son Nom est : RÉMISSION

Louise Haley Minou

MOI PENDANT DES ANNÉES

MOI PENDANT DES ANNÉES
J'ai connu votre nom
Aimé ou calomnié
Il devint ma passion

MOI PENDANT DES ANNÉES
Je vous croisais souvent
Glorieux sans lumière
Radieux mort-vivant

MOI PENDANT DES ANNÉES
Je vibrais de silence
Écriture illettrée
Paroles de démence

MOI PENDANT DES ANNÉES
Près de votre maison
Je ne pouvais entrer
J'en perdais la raison

MOI PENDANT DES ANNÉES
Je savais tout de vous
Sans même vous nommer
Vous étiez mon tabou

MOI PENDANT DES ANNÉES
J'ai vécu une rupture
Sans même consumer
L'essence du futur

MOI PENDANT DES ANNÉES
Je n'aimais nulle part
Tout m'avait encerclé
Sans espoir de départ

POUR MOI TOUT A CESSÉ
Sans même me l'expliquer
Nous nous sommes vraiment vus
Incendie éclaté

VOUS PENDANT CES ANNÉES
Appreniez à tout fuir
Par peur de vous lier
Par crainte de vous trahir

VOUS PENDANT CES ANNÉES
Donniez tant de sourires
Bienfaisants et glacés
Foudroyant l'avenir

VOUS PENDANT CES ANNÉES
Alliez partout sur terre
Vivre vos intensités
Dans de sombres mystères

VOUS PENDANT CES ANNÉES
Face à votre existence
Vous cherchiez évadé
Votre grande inconstance

VOUS PENDANT CES ANNÉES
Viviez un détachement
Vous saignant sans blesser
Même dans vos égarements

VOUS PENDANT CES ANNÉES
Pensiez parfois à moi
Sans avoir à l'avouer
L'intuition était là

VOUS PENDANT CES ANNÉES
Appeliez en tourmente
Sans pouvoir rejeter
La douleur qui vous hante

VOUS APRÈS TANT D'ANNÉES
Vous savez maintenant
Comme je vous ai aimé
Illusion sans présent

C'est qu'en toute vérité
Que j'ai tout exprimé
Sans vouloir vous blesser
Vous que j'ai si aimé
MOI PENDANT DES ANNÉES

Louise Haley Minou

DÉTRESSE
(dédié aux enfants qui souffrent)

On ne me permet de vivre
Que si je ne demande rien
Que si je n'ai comme besoin
Que celui de mal me survivre

On ne me permet d'être
Qu'une moitié d'humain
Car n'ayant que moi comme bien
Je me contente d'apparaître

Je deviens bien avant l'enfance
Quelque chose d'anonyme
Et c'est au nom de ce crime
Que la Terre se débalance

Enfants d'un règne sans enfance
Laissés pour compte de la vie
Enfant qui ne se reconnaît qu'un cri :
Celui de sa désespérance

Quand nous cesserons d'arriver
Dans le sentier de votre planète
Vous savourerez cette défaite
Trop innocemment préparée

DÉTRESSE
FATIGUE ACCENTUÉE
DÉSESPOIR ASSIGNÉ
BLESSURE DE TOUTE NOBLESSE

Louise Haley Minou

IMPRESSION
IMPRIMERIE GAGNÉ

IMPRIMÉ AU CANADA